3 オイカワ。地方名ヤマベ、銀バヤ、ハエなど多数。本州・四国・九州に広く分布。オスは全長 18 ㎝、メスは 14 ～ 15 ㎝になる。6～8月にかけての繁殖期のオスは婚姻色が明瞭で尻ビレが伸長し、頭部の追星が目立つ。

photo: Kaname Koike

5 カワムツ。能登半島・静岡県以西の本州、四国、九州が自然分布だが近年は関東で生息域を広げている。全長20 ㎝を超すこともある。オイカワと同様、オスの婚姻色は鮮やか。オイカワより緩やかな水流を好む。

アメリカの古いパステルカラーのフライリールを合わせた。こんなにド派手な魚はなかなかいない。8月31日

シーズン初番長。いきなりフル装備で威嚇された。追星がゴリゴリ。5月30日

スレンダーな若武者。蘭丸様っていうか。モテるだろうな君は。7月12日

遠くでかけてオレンジ色の体色が目に入った瞬間、「番長きたッ！」と叫んだ。慎重にランディング。7月13日

おいらがここらの番長だ。文句あるか。いいえめっそうもない。追星がすてきですね。8月17日

この日はまさに〈番長の日〉だった。どこへ投げても番長がフライを追ってくる。最高。7月16日

押忍！ 番長コレクション

婚姻色をまとったオイカワのオスは〈番長〉〈ガングロ〉〈飴ちゃん〉〈韋駄天〉〈イロツキ〉などの異名で呼ばれる。体側の美しい横じま模様は一匹ごとに異なる。多摩川水系の番長たち。日付は釣れた日。⇨ P.20

スイングしているソフトハックルへ二度三度と追い食いしてきた、せっかちなやる気番長。6 月 24 日

精悍な細マッチョ。繊細で大胆な飴細工のよう。ずっと見ていたい。6 月 30 日

正調派ガングロ。7月 11 日

番長たちは夕暮れに殺気立つ。立て続けに番長ばかり釣れることもある。頭でっかちの幅広。7月 25 日

巨大な番長。もう魚じゃなくて宇宙から来た未知の生物みたい。7 月 30 日

割れた背ビレ。歴戦の勇者。黒いソフトハックルを瀬尻で押さえ込んだ。8月3日

① いつ・どこで釣るか

オイカワは常に洗われている川底を好む。夏、雨後の増水の収まりかけは最大のチャンスで、オイカワたちの活性が異様に上がる。上の写真なら、離れてまず手前の浅瀬を、次に流芯を探る。

藻が付着してぬるっとしている川底は、オイカワにもカワムツにもよくない。

白泡がたつ水流では強すぎる。水深があると釣りが難しい。足首くらいの浅瀬を探そう。

編集部まとめ

渓流魚の生息域より下、中下流域の本支流がメインになる。清流とも呼ばれるエリアだ。釣り場は広大だ。

オイカワはよく洗われた小石底のチャラ瀬が連なる平場の川に多い。カワムツは早瀬よりゆるめの流れが好きだ。アユとの混棲域では、オイカワ、カワムツともに、本来の着き場から追いやられる傾向がある。

南日本や水温の安定した湧水の川では一年中釣れる。東京都多摩川水系なら春、菜の花が咲く頃から11月下旬まで釣れる。ベストシーズンは5月の連休から梅雨どき、夏休み、10月までと長い。朝、夕に食いが立つ。雨や曇りなら一日中釣れる。⇩64頁

夏、夕涼みを兼ねて夕方の1時間だけ川へ散歩に行ってみよう。夕暮れの川は昼間とは違う顔を見せてくれる。風がなければ、プールの終わりや浅いトロ、ゆるい瀬でライズしている小さな魚たちを見つけられるはずだ。

それはきっとオイカワ／カワムツだ。

初めてのフライロッドなら＃３がおすすめ。店員さんに「オイカワを釣りたいです」と言って、ロッド、リール、フライラインを丸ごとセッティングしてもらうと失敗しない。セット物も豊富にある。

ウェーダーがあれば釣り場が広がる。フェルト底ニーブーツは便利。耐久性なら耐油長靴一択。

魚をすくうネットは不要だがあえて極小サイズを特注して喜ぶ人もいる。これは枠長 20 ㎝。

オイカワは成長してもせいぜい18㎝、カワムツは20数㎝の魚だ。タックルにパワーはいらない。＃0〜3で7フィート前後のロッドが楽しい。オイカワ／カワムツ釣りでは通常15ヤード以上のロングキャストはしない。

本流域では風対策を考えると、＃3〜4のタックルがほしい。フックサイズは＃18〜22中心で＃32まで使うこともある。ティペットは5X（0・8号）〜8X（0・3号）。細いほうが魚の反応はいいが、流して釣るなら太めでも問題ない。リーダーは竿の長さが基本だ。

「一匹一匹を大切に、丁寧に吟味して釣るということじゃ…。釣りの楽しみはその一語につきよう。できるだけ弱く、できるだけ細い仕掛けを使えば、小物を釣っても大物の手応えが得られる」（三平一平1982）

バランスのとれる範囲でぎりぎりのライトタックルで楽しむのが、〝小物釣りの枠〟と言えるのではないか。

足元は夏ならサンダル（バックストラップ付き）が気分だがケガ防止で靴下は履こう。体重の軽い子供は流されやすい。下流側に深みがある場所には入らない。毛鈎釣りは朝と夕方がよく釣れる。

ややこしいことは抜きにして、子供と一緒にわいわい遊べるのが夏のオイカワ釣り。

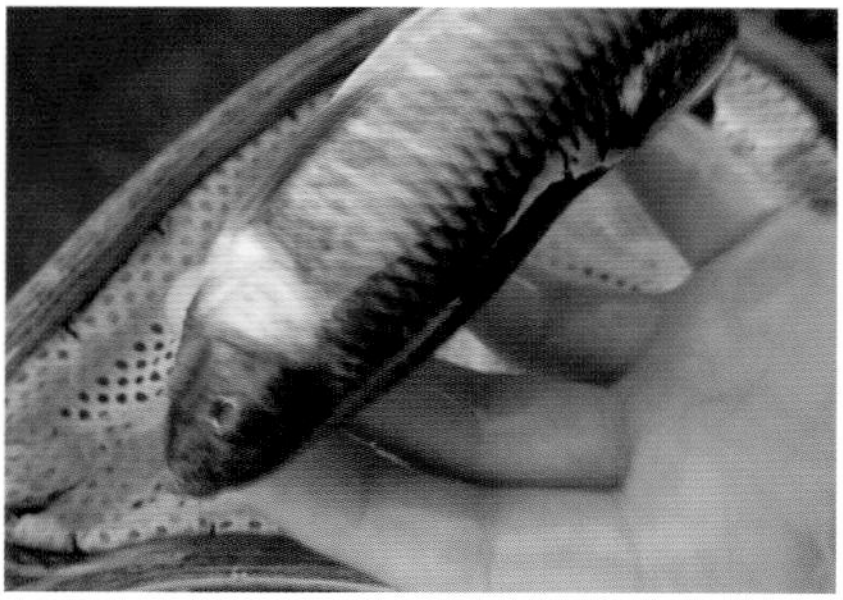

子供の手が持つとオイカワが怪獣になる。やさしく観察した後は、釣った場所へ逃がそう。

オイカワ／カワムツを子供の頃に地元の川で釣ったことがあるという方は多いだろう。オイカワ／カワムツはどこか郷愁を誘う。

子供と一緒の釣り、初めてのフライフィッシング、仲間や家族連れでの水辺の手軽なレジャーとして、オイカワ／カワムツのフライフィッシングは最適だ。生エサが苦手な人でも疑似餌だから大丈夫。フライタックル一式を揃えればいつでも釣りができる。

レジャーとしてのオイカワ／カワムツ釣りのために次のことを覚えておこう。①季節は水ぬるみ、魚が元気でおおらかな夏がいい。②安全が最優先。大人の足首くらいの浅瀬で釣ろう。ライフジャケットがあれば安心。③あんまり釣りは釣れる。④子供は飽きる。子供はいつでも泳ぎたい生き物だ。釣りしてるのに、と叱らない。⑤小さな命を大切に扱おう。魚に触る前には手を濡らそう。初めて釣った魚は一生の思い出になる。

あんま釣りで大切なのは季節と場所選び。夏の魚は浅場にいる。ラインはリーダーと合わせて竿1～2本分で固定し、アタリがなければ下流へどんどん下っていく。川底は滑りやすいので注意。

ワイヤーでリビングした小さなニンフなど、水面下へスッと入るフライが使いやすい。

幼い子供と水に入るなら、浅いから大丈夫と思ってもライフジャケットを必ず着せる。

あんま釣りとは、ハヤ（オイカワ、カワムツ、ウグイなどの総称）類の伝統的な釣法の呼び名だ。

夏、足首からひざ下半分までのチャラ瀬かゆるい瀬に入りまっすぐ下流へ向く。仕掛けをいったん下流へ流してから、腕と手首でクイックイッとリズミカルに引き上げ、また流す。それを繰り返すだけで、魚が向こうアワセで勝手にかかる。コツはアワセないこと。

通常は川虫をエサとしてつけるのだが、フライタックルにフライを結んで同じことをすればエサ交換がいらないし、テクニックも必要なくてよく釣れる。川底の石を足裏でかき混ぜると水が濁り、エサも流れて魚の活性が上がる。フライパターンは小さなニンフ、ソフトハックルなど。市販のハヤ用毛鉤（できるだけ小さめ）もよく釣れる。

釣りがまったく初めての子供、フライキャスティングができない方でも、このあんま釣り方式なら、きっとオイカワ／カワムツの最初の一匹に会える。

6月中旬。本書の印刷担当、東京印書館のOさん人生初のフライフィッシング。スーツのスラックスの上にウエーダーをはいて、初めてフライロッドを握ってわずか30分。番長含めポンポン釣った。

岸辺を狙う。遠くへ投げようとしない。どんどん移動して釣り下ったのが成功につながった。

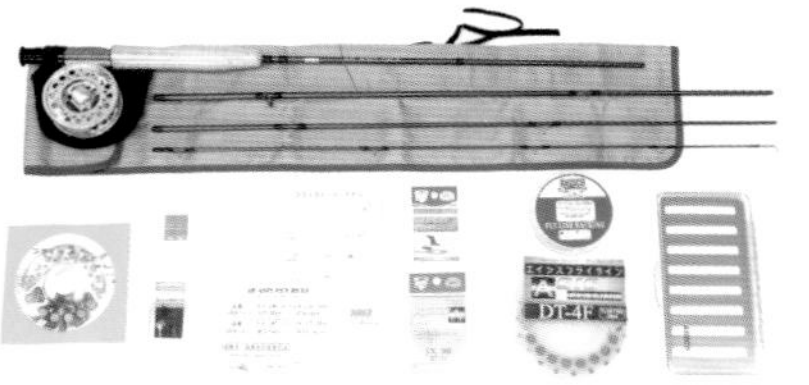
エイシス フライフィッシングキット（アングル社）は、巷で一番人気の〈初心者セット〉。803（＃3）か804（＃4）のセットがオイカワ／カワムツにおすすめ。DVDと解説書付き。

これからフライフィッシングを始めたい方にはオイカワ／カワムツ釣りをつよくオススメする。理由はたくさん。釣り場が身近で危険が少ないこと。魚がたくさんいること。管理釣り場より手軽で費用が少なくてすむこと。そしてこれが大事、たぶん初日から釣れる。

初めてのフライフィッシング挑戦でヤマメ／イワナ狙いで渓流へ行ってもトラブル多発で嫌になり、まず釣れない。オイカワ／カワムツ釣りなら以下の点を意識すれば、まずボウズはない。

季節は6月から9月。時間は15時から夕方にかけての遅い午後。夏の太陽が西の空に傾きかけて風が涼しくなってきたら、オイカワ／カワムツのフライフィッシングのプライムタイム。風が弱い日ならなお間違いなし。

道具は〝初心者セット〟で十分。フライラインの番手は＃3か＃4、ロッドは7フィートから8フィートくらい。

自分で釣り糸が結べないと釣りはできない。釣り場へ出る前に、最低限の

①

②

初めてのフライキャスティング。7フィート半・4番のグラスロッド。①バックキャスト。勢いが弱くタイミングが遅いのでラインが垂れた。点線が理想。②フォワード。本来は②の角度で竿を止めていればラインは勝手に前へ伸びるが、③まで竿を下ろしすぎたので、ラインが水面を叩いた。④とりあえず下流へフライを投入できた。⑤釣れた！

③

④

⑤

シンプルなフライを浅瀬へ流しこむだけで釣れる。季節を選ぶこと、下流へどんどん釣り下るのが、最大のコツ。

「白いＹシャツを着た人が川にいたよ。」と近所の子供に見られていた。

糸の結び方（ノット）はマスターしておこう。たいていの〝初心者セット〟には必要十分な解説書がついている。釣具店でセットを購入する際に、使い方と最寄りのポイントも教えてもらおう。本書の巻末にオイカワ／カワムツ釣りにくわしいお店のリストがある。

釣り方はシンプル。水深20㎝くらいまでの水通しのよい、小石底の浅瀬を探す。泥底はよくない。カーブ状よりまっすぐな瀬に魚は多くつく。流れに対して直角から斜め下流方向を向いて立つ。真下でもいい。渓流釣りの入門書によくある、上流へ向かっての（アップストリーム）釣りはオイカワ／カワムツ釣りでは、極端に難しくなる。出てもハリに乗らない地獄が待っている。

フライは＃18で決め撃ち。24〜27頁のパターンに近ければ何でもいい。リーダーとラインを合わせて竿2本分ほどを出して、流れを横切るように流す。下流まで流しきったらクイクイと誘う。⇩11頁　ほら釣れた！

水深 10 ㎝以下の浅場が続くポイントはドライフライの独壇場。水草の脇や、流れのちょっとしたヨレや瀬の中から、真っ昼間でも魚がポンポン出てくる。短いリーダーでテンポよく釣り上がる。

岸ぎわのよどみはカワムツをドライで釣る好ポイント。ポトンと落とすか、上流から流し込む。

風が止まるとライズが始まる。ライズがあればドライフライが楽しいし、長く釣れ続ける。

オイカワ／カワムツは水面に浮かぶドライフライにとてもよく反応してくれる。水面は魚と人間を繋ぎ、かつ引き裂く結界だ。水面へフライを投じて魚を誘い出して食わせ、その姿を目で見てアワセるドライフライの釣りには独特の快感がある。

「フライに食いつく決定的瞬間がみえるのとみえないのでは、釣り味に格段の相違がある、と私は思う。ドライに魚がでるあの瞬間は、何度あじわっても、その新鮮さが衰えない」（中沢孝１９８７）

フライフィッシャーのなかには、絶対にドライしか使わないと決めている方がいる。フライフィッシングは制約の釣りだから、それもひとつの見識だ。

オイカワ／カワムツ釣りの場合、ドライにこだわりすぎると、苦心惨憺の末にボウズを食らうことは珍しくない。ドライフライ・オンリーで通せるシーンはそれほど多くないと思ったほうがいいかもしれない。

ドライフライだからといって必ずフライを見て釣らなくてもいい。そう開きなおると釣りにゆとりが生まれる。選択肢が広がり釣果もあがる。フライデザインの自由度が高まる。

水面が波立つとインジケーターをつけても見えない。フライをキャストしてから探すのは不可能。

アイカザイムはドライシェイクとの組み合わせで最強の視認性を誇る。沈んでも釣れる。

オイカワもカワムツも雑食性で、マス類とは食性が違う。魚が小さくて餌となる生物も小さい。そのためか、水面が波立つとまずライズは起きない。水深50㎝より深い流れでは極端に水面への魚の反応が悪くなる。

浅く静かな水面でライズがあれば、ドライフライのチャンスだ。

やる気のある魚がいてキャストがうまくいけば、すぐに反応がある。出なかったら打ち返す。それを繰り返す。アワセはラインを張る感じで行なう。この釣り方なら、フライの視認性にこだわる必要がなくなる。⇩49頁

ドライフライが水面高く浮いているか、半沈みか、ぶら下がっているかで魚の反応が変わる。もっとも重要なのはフライのサイズだ。早期はサイズを落とせば出る場合が多い。⇩52頁

適当な流れがあり風が強くて水面が波立っているなら、川の流れを利用して手感でアタリをとるスイングの釣りが無理がないだろう。

左からの主流に乗せて①から②へスイング。左リーチキャストで③、３歩移動して左リーチで④の流し込み、最後に右カーブキャストでわざと強いドラグをかける⑤。魚がいれば×で反応がある。

２～３回流してみてアタリがなければ魚がいないと判断して、いっそ大きく移動する。

フライを流れに置いたとき自分から遠ざかっていく立ち位置を選ぶのがスイングの釣りの基本。

⑧広く探れるスイングの釣り

初夏以降、魚が瀬に入ればスイング（流しバリ）の釣りが面白い。魚の反応を得やすく、群れを探すのにもいい。ドライフライには厳しい条件でも、スイングなら釣りになる。

釣り方は難しくない。流れへクロスするようにフライを投げて、ドラグをかけて流せば魚がかかる。プレゼンテーションした瞬間から、ロッドとラインとフライをひとつながりにしてスイングさせたい。オイカワ／カワムツは、スイングするフライを追い喰いしてくる。フライのある辺りの水面でライズがあればアタリだ。⇩53頁

手元のラインはリールに巻いたままで握らない。魚が乗ればチチチ、とリールのドラグが鳴る。そうしたらおもむろにラインを握りこんで、ロッドの曲がりを確認するまでが理想型。

流速が遅い場合はアワセるが、必ずスイングしている順方向へ引くようにラインを張る。魚とラインの角度が変わるとバレの原因になる。⇩52頁

大河川の中下流域でのオイカワ／カワムツ釣りは開放感にあふれている。本流域で昼間からライズを探すのはむずかしい。スイングの釣りでラインを伸ばして広範囲に探ろう。爽快な釣りだ。

本流の大場所では流芯ではなく岸寄りが狙い目だ。緩流帯との境目付近でアタリがある。

スイングの釣りではソフトハックルフライが鉄板。和式毛鉤を真似た一本。⇨ P.76

スイングの釣りでは、川の流速を人間がコントロールしてフライをスイングさせることを意識してみよう。ただ川に任せて流すだけとは異なる新しい世界が見えてくる。同じポイントを釣るのでも、魚からの反応の数が格段に増えるはずだ。⇩54頁

左右のカーブキャストやリーチキャストでフライラインを曲げ、時に順・逆のメンディングを入れて、フライが流れる速度と角度に変化をつける。ストレートラインだけだと魚はすぐにスレて、アタリが遠くなる。腕をのばしたり、キャスト距離を変えたり、リールからラインを出したり、立ち位置を半歩移動するだけで、フライの流れ方が変わり、アタリが復活する。

流し途中、流し終わってからの小刻みリトリーブや逆《さか》引きは大いに効果的だ。向こうアワセでかかる。フライが落ちた瞬間に食って即かかることもよくある。いずれにしてもあわててロッドを急にあげないように。⇩65頁

春先から初夏にかけてのフライボックス。＃15～32のドライフライ、ソフトハックル、ニンフ、ピューパ、アントなど。釣れないとついフライのせいにしたくなるが、半分あたっている。

増水中の瀬脇から飛びだした。＃15～22のエルクヘアカディスは重宝する。沈んでも釣れる。

盛期なら2本バリにして瀬を流すだけで、2匹いっぺんにかかる一荷釣りを楽しめる。⇨ P.73

基本的にはオイカワ／カワムツはフライパターンにうるさくない魚だ。しかし活性が低い場合や、条件次第でおそろしくセレクティブになる。

ドライフライはフライのサイズが重要だ。水面下へ沈めるスイングの釣りでは、ドライよりも明らかにフライパターンを選り好みする。マテリアルの水の抵抗によるスイング速度と、流下姿勢の違いが大きいと考えられる。

その日の当たりバリは場所により異なり刻々と変化する。悩み始めたらきりがない。こんな小さなフライを水中からよく見ていると呆れるほどだ。釣り人は川の中で忙しくフライを交換する。交換したフライがたまに大当たりすることもあるので、楽しい時間だ。

どうしても食わないのなら人間が折れて、素直に場所を移れば、性格のいい他の魚が待っている。ポイントはいくらでもあるし、魚はたくさんいる。

アント以外のボディは全般的に細い方が反応を得られやすいかもしれない。

水深の浅い分流、細流、湧水、用水へは静かにアプローチする。水温が上がりやすいため、早期や冬季の狙い目でもある。意外な小場所に群れていて驚かされる。ドライフライで。

リーダー先端まで意識を残して狙ったスポットへフライを置くにはティップが繊細な竿がいい。

浅くてフラットな水面では人やロッド、ラインの動きを察知して魚は逃げるので注意。

「フライフィッシングという釣りは、結局最後はキャスティングの冴えがモノをいうのだ」（島崎憲司郎『水生昆虫アルバム』1997）。水生昆虫と釣りの関係を問いつめた末の定理だ。

フライフィッシングではキャスティング技術と釣りの自由度は比例する。オイカワ／カワムツ釣りも例外ではない。的確なキャストが釣果を左右するシーンが多い。キャストがよければオイカワ／カワムツは反射的にフライを食ってくる魚だ。

浅場にいるオイカワ／カワムツは、常に水面を注視している。空から自然に虫が降りてきたように、ふわっとフライを落としてやると、着水と同時に即座に反応する。フライがまだ空中にあるうちに魚が飛び出てくれば本物だ。フラットな水面をラインで叩くと、その時点で釣りが終わる。

ざわついている水面や障害物周りでは、逆にあえて強めにポチョンとフライから落としてやるとよい場合もある。

番長たちは縄張り意識でフライを追う。各自ものすごい勢いで泳ぎまわりながら、周辺をパトロールしている。×印が番長ポイント。水深5cmもない瀬でフライをガツンと引ったくっていく。

知らずに踏んで渡ってしまいそうなチャラ瀬がオイカワたちの産卵場。番長が番を張っている。

トロ尻の番長ポイントへ、上から派手めのソフトハックルを流し込んでギュギュッとスイング。

オイカワ釣りをするからには、婚姻色の出たオス――、番長をぜひ釣りたい。季節は多摩川水系なら5月中旬から9月中旬の長い期間で実績がある。

番長は浅場にいる。流速が毎秒20cm程度、水深が足首より浅いくらいの、浅瀬を狙う。水通しがよくて、川底の小石がきれいに洗われていることが条件だ。つまりオイカワの産卵場である。

メスを追いかけて他のオスと縄張り争いをしているオスを怒らせてフライを追わせ、勢いで食わせる。⇩53頁

典型的な番長ポイントは、トロから直線上に続いている浅場の尻、落ち込みの頭のチャラ瀬など。慣れれば番長だけを狙って連続で釣ることもできる。大きな川はポイントが分かりづらいが、中州周りの浅瀬は有望だ。

釣り方はスイングがいい。盛期で魚のサイズが大きいので、フライも大きめがいい。かかった瞬間、水面を割って番長のオレンジ色の腹がうねると大興奮する。番長の引きは強烈だ。

⑫ 番長オイカワの狙い方

オイカワと混棲している場合、カワムツはより静かな流れを好む。上の写真なら、手前の浅い瀬とカケアガリでオイカワ。奥の石の陰、対岸の草むらの際にはカワムツがたまっている。

九州のカワムツ。ヤマメとの混棲域でテレストリアルに出た。20㎝超も普通。 *J.Kamizono*

コンディション最高でスタイルのいい東海地方のカワムツ。 *H.Nakano*

カワムツはオイカワほど大きな群れをつくらない。障害物の陰でひっそりとエサを待っている印象だ。混棲している場合、アユ→オイカワ→カワムツ→アブラハヤの順で、「性格が暗い」とそしられがちである。⇩43頁

大型のカワムツは身体に比した頭の割合が異様に大きく、#14のドライフライを平気でひと呑みしてしまう。岸際へ投げたテレストリアルフライを引っ張って水面へ落とすと、待ってましたとばかりに、貪欲に食ってくる。身体はぶ厚く、引きは鈍くて重い。

カワムツも全身に婚姻色をまとう。オイカワに勝るとも劣らない美しさだが、「カワムツの方がケバい」という評価がある。そう言われて見ると、たしかに年季の入ったスナックの大ママのような趣きである。昔は清純派だったのよ。今だって、とか怒られそう。

そういうのが好きという人もいるだろう。カワムツにしてみれば大きなお世話である。

トロや、ゆるい瀬を釣るための #30、#32。
流し釣りならハリスはアイに通る太さでＯＫ。

ユスリカ系、#28 以下のミッジをそろえたい。
上写真は水面がらみの釣りに使うパターン。

秋冬でも２歳魚、３歳魚はグイグイのしてくる。
銀色のナイフのような清冽さがある。

基本は足でポイントを探す。排水口や湧水には魚がたまっている。フライを入れてみよう。

夏は簡単に釣れ盛ったオイカワたち。でも、晩秋から冬場は様相が異なる。

道具について

魚のサイズも釣り方も使うフライもアタリの取り方も、ぜんぶ繊細だ。シャベルでご飯を食べてもおいしくないのと同じで（多分）、ライトラインをオススメする。川は風が強い日も多い。＃2以上はほしい。

魚とサイズ

ド派手な番長たちはもういないが、秋から冬のオイカワの美しさは筆舌に尽くしがたい。冬のオイカワを「清流のナイフ」と書いたのは『Angling』第3号（1984）だった。真冬でも魚は7、8㎝はある。生き残りの大型—10数㎝ある—が釣れることもある。湧水や排水路では周年大型が釣れる。

フライについて

発生している昆虫のサイズが小さいので、フライサイズも小さくなる。＃24に反応が悪かったら、＃26、＃28と落としていく。フライサイズを小さくしてハリスを落とすと、全く魚の反応が変わる。野生は正直だ。瀬の流れの中を釣るときはハリスの太さは気にしなくていい。アイに通れば大丈夫。

ポイントについて

夏と同じ感覚で瀬を釣り下るとボウズをくらう。食い気のある魚はトロ瀬の脇の浅い岸辺に、ピンポイントで小さな群れでいることが多い。2、3尾釣ったらアタリが遠くなる。夏場のように釣れ続けることはない。アタリが止まったら移動が得策だ。本流では群れが大きくなる。いる時にはいるけど、日によっていない時には全くいない。不思議なオイカワ事情だ。⇩64頁

最初は歩いてライズを探すか、フライを流して魚の反応を探る。水深が50㎝程度でゆるく流れている広いトロがあったら、オイカワたちがたまっているかもしれない。湧水や排水路では真冬でもライズしているが、昼間の本流筋でライズを発見するのは期待薄だ。

寒くても夕方はいい時間だ。ただし

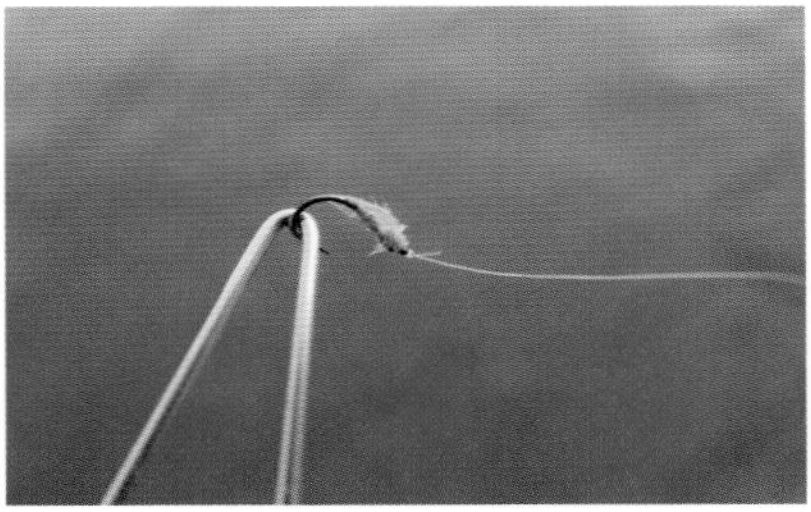

ストレッチボディに短いCDCを乗せただけのフライ。ポイントとフライサイズが重要。

人間は寒くても水の中はそうでもないようで、秋から冬も夕方は釣りにいい時間だ。防寒を。

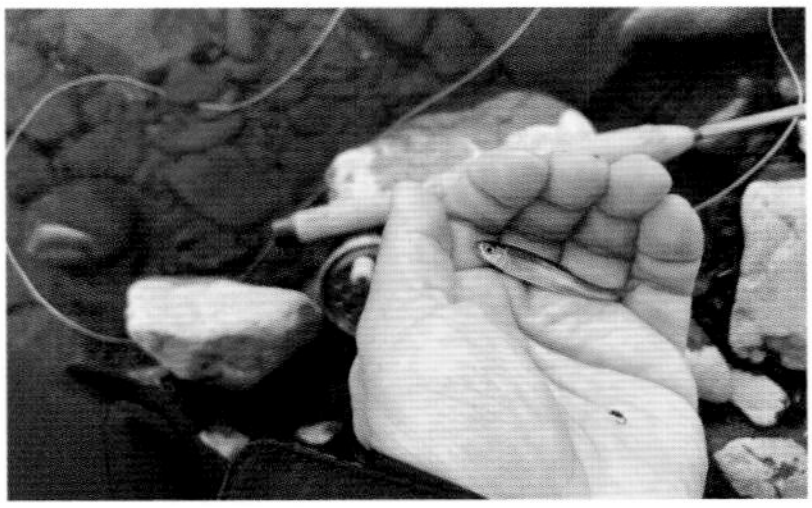

このサイズの魚はフライラインの重みでバレる。フッキングよりランディングが難しい！

夏のようにバンバン釣れることはあまりない。一匹一匹との出会いを慈しんで釣ろう。

陽が落ちるのが早い。15時から釣り始めても17時すぎにはまっ暗になる。

ドライフライの釣り方

ドライフライなら短いリーダーでライズ直撃。ドリフトはしない。フライまでまっすぐターンオーバーが必須。たるんでいると魚が出ても合わせられない。フライの着水後、5秒が勝負。見えなくても問題ない。流れがゆるくて波がなければ、魚が出れば20ヤード先でもわかる。

フライがあるあたりでライズがあったら、すかさずフライラインを引く感じで合わせる。竿を跳ね上げると、まず乗らない。竿は長めがフッキングしやすい。ピックアップ時に勝手にフッキングしてトビウオになることがある。あれをやっちゃうとたいへん嫌な気持ちになる。水面を滑らせるようにそっとピックアップしよう。

冬場のドライフライの釣りは難しい。風が吹くとライズは消える。投げれば投げるほど、ライズは遠くに逃げる。トロ場では何回フライに出てもフッキングしてくれない地獄に陥ることがよくある。

スイングの釣り方

小さなウェットパターン、クロスオーストリッチ、ソフトハックル、フェザントテールを細く巻いてリビングしただけのニンフなどを結ぶ。⇩24頁

ライズ周辺へキャストして、ほんの少し水面を切った状態で、チョコチョコと3㎝刻みくらいで、リトリーブしてみよう。向こう合わせで勝手にフッキングする。

できれば、ゆるくでも流れがあった方が、ぜったいに釣りやすい。完全にスリックな水面は、魚にアドバンテージが高すぎる。風を利用したキャスティング、釣りやすいポジションなど、少しでも釣り人に有利な要素を面倒がらずに集めよう。なめてかかるとベテランでもやられるのが秋から冬のオイカワ/カワムツのフライフィッシングだ。だから面白い。

クロスオーストリッチをあんま釣りでクイクイやれば、向こうアワセで勝手にかかる。スイングしても釣れる。

ハックルフライは使い勝手がいい。ハイフロート、水面直下、ぶら下げなど、浮かせ具合で魚の反応が違う。

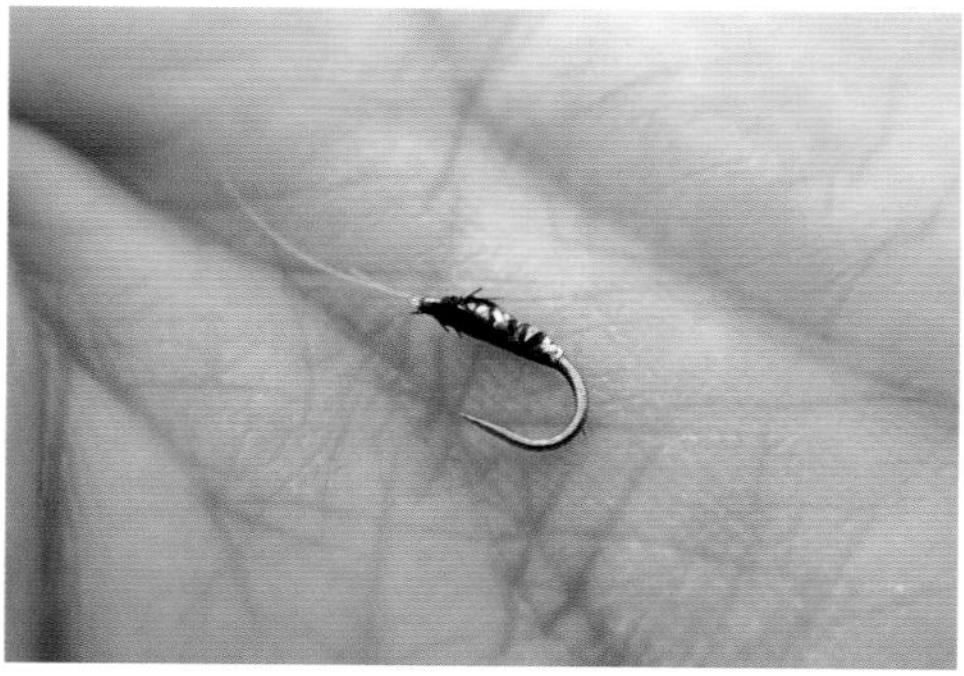

キラキラスレッドにハックルを短く巻いただけのフライ。色違いの2本をドロッパーで流す。一荷が楽しい。

スイングでよく使うソフトハックル。色合いは濃淡揃える。マテリアルの厚め／薄めで水との絡み方を調整する。

＃17に出た盛期のオス。オイカワ／カワムツの棲む川は人間の暮らしに近い。釣りが一生の楽しみになる。

おまけ。アユはニンフで瀬の底かソフトハックルの流芯スイングで釣る。ただし落ちアユは釣れたことがない。

入口は広くて奥は深い

オイカワ／カワムツは季節・ポイントの状況、釣り人の気分とアイデアで、様々な釣り方を楽しめるのが魅力。流しバリ、あんま釣りなら簡単に釣れる。⇨ P.11 ⇨ P.53 ⇨ P.64

グリフィスズナットは定番。ハックルの下側をカットすると姿勢が安定してフッキング率が向上する。

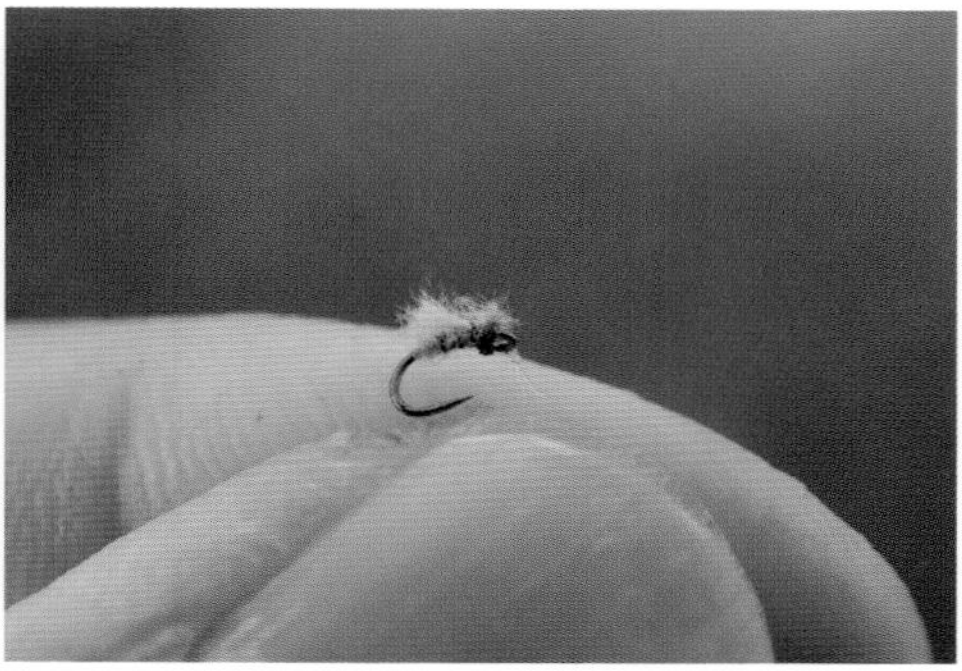

プールで極小ユスリカへのライズが起きることがある。そんな時は #32 まで落とす。ティペットは 0.3 号。

マシュマロ・アントには大きいオスがよく反応する。アントで釣れると夏が来たとうれしい。TMC206BL#20。

盛期のドライはストレッチボディ式アイカザイムの #18 ～ 20 がメイン。よく見え、沈んでも釣れる。⇨ P.29

TMC2488 にオポッサムをダビング。歯ブラシでピックしただけのフライ。浮かせてもスイングさせても万能。

オーバーサイズ・ハックルのスケーターフライ。意外とフッキングがいい。ドライでもスイングでも使える。

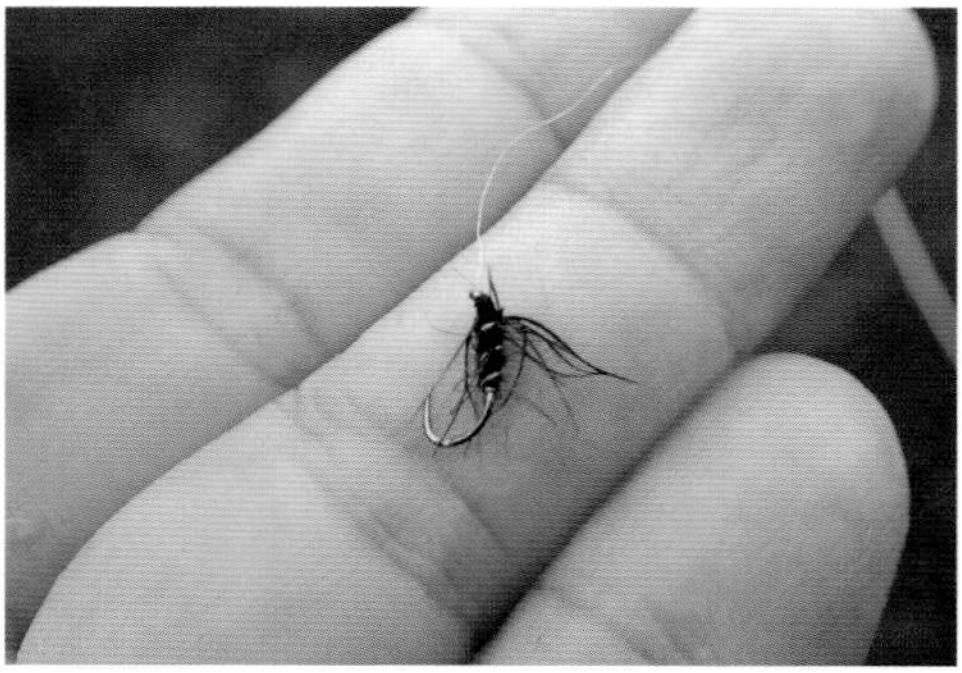

真夏、強い流れを釣りたい時のソフトハックル。ボディをワイヤーでリビング。ハックルはジャックドゥなど。

少々お品がない感じ。真夏、ドロッパーに結んで荒瀬の尻でスイングさせるとギーン！と番長が持っていく。

まれだが本当に「＃28 以下でないと魚が反応しない」という状況がある。瀬の中でも（！）シビアに選ぶ。

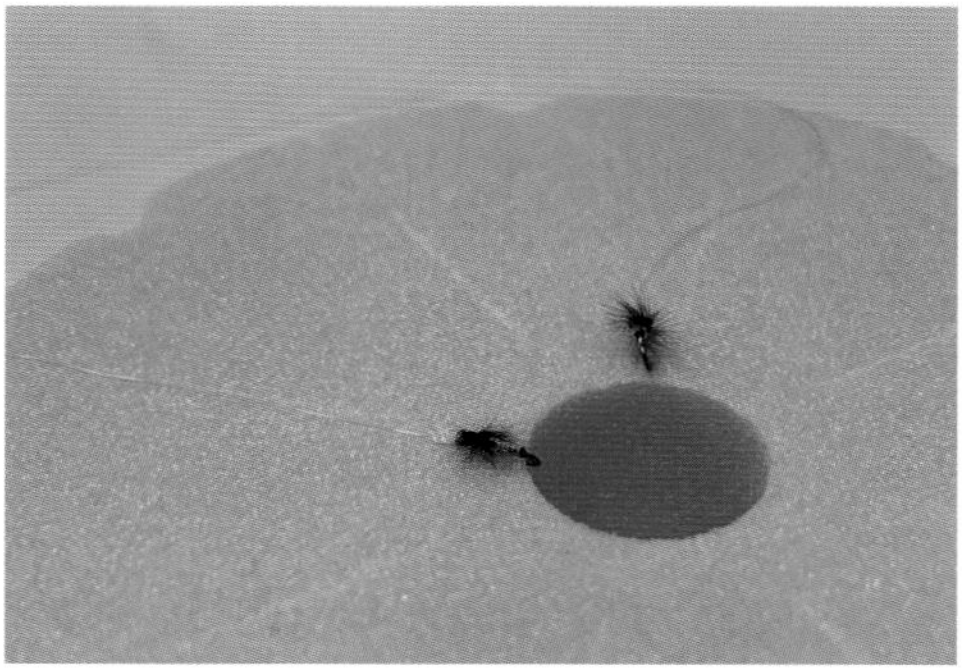

イブニングは勝負の時間が短い。トラブル回避のため、あらかじめ極小のフライにティペットを結んでおく。

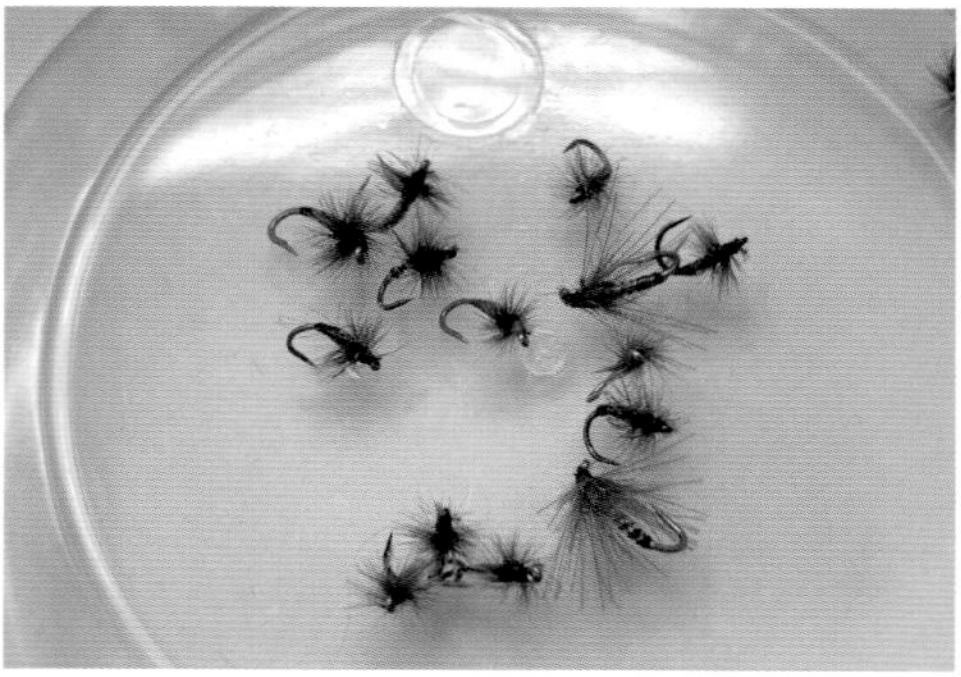

アングル・クリスタルフラッシュ・アイス BL をボディに仕込んだ井上逸郎さん（⇨ P.72）の UV 加工フライ。

UV は紫外線で妖しく光る。あり・なしで試してみると、明確に魚の反応に差が出た。とくに薄光下で効いた。

よく釣れる最新フライパターン

フライパターンよりサイズと釣り方が重要なファクターだ。でもいろんなフライを試してみたくなる。初版以降にレギュラー入りしてよく釣れているフライ。明らかに〝よく釣れる〟フライも発見した。

TMC100の＃18に巻いたBCMC（バイカラーマシュマロカディス）。ボディはオポッサムダビング。釣れます。

番長は口が大きいので、ショートシャンクのフックだと呑まれることがある。TMC100 #18に巻いたBCMC。

カラスのソフトハックル、クイルボディ。ボディのベンド側端にほんのわずかフラッシャブーを仕込んでいる。

＃28以下のハックルフライはごくシンプルなものでまったく問題ない。テール不要。キャスティングが大事。

ボディはストレッチボディが手軽。⇦CDCハックリングの参考動画(「フライフィッシングの会　第2弾　ガガンボのタイイング」で検索を)

和式伝承バリ「ホタル」を意識したソフトハックル。ハックルはカラスのネックを ⇦と同じ方法で数本かぶせた。

タックルで遊ぼう

オイカワ／カワムツ釣りは日常の釣り。清流域の川歩きは危険度も低い。魚のサイズも小さいので、機能性や耐久性より、遊び心の向かうままに好きな釣り道具を選ぶことができる。結果どんどん道具が増える。

古いラミグラスのブランクのバットを3インチ詰めて改造。2番ラインならスイングの釣りにぴったり。

フレックステーラー・8フィート3インチ・2/ 3番。もうベロンベロン。ロングキャストでかけると楽しい。

白戸ロッド・オイカワファイン・6フィート2インチ・1/ 2番。軽くて快適で感度がいい。夏の釣りはこれ。

イナガキ・シセリス フィーメール・7フィート・3番。グラスで細くてブレない。魚が勝手にかかる贅沢な竿。

シーズロッド・オリジナル・6フィート8インチ・2/3 番。小渓流用のロッドはオイカワ釣りに流用できる。

フライベストよりバッグの軽装が似合う。さまよった結果、小さなショルダーに今のところ落ち着いている。

万能フライ、ストレッチボディ式アイカザイムのタイイング

アイカザイムはヤマメ / イワナ用としても使える汎用性が高い定番フライ。ストレッチボディ利用でタイイングが簡単になった。ドライシェイクとの組み合わせで抜群の高い浮力を発揮する。タイヤー＆解説：井上逸郎

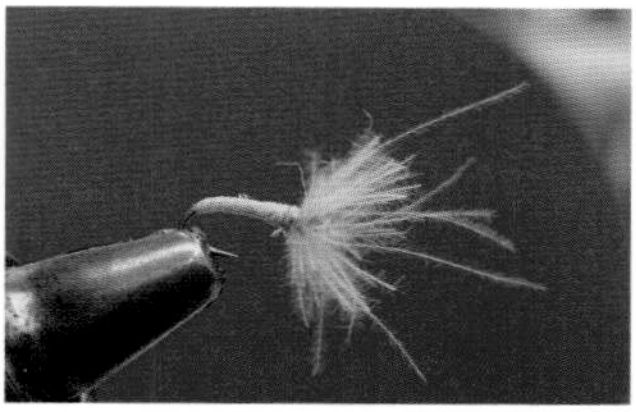

CDC をストレッチボディでバインドして巻く。タイイングが簡単で拡張性が高い。現場でハックルをカットして、ボリューム調整も容易。

Hook：	TMC100 #20（#16 ～ #26）
Thread：	ユニ 8/0（ライトケイヒル、オリーブダンなど）
Body：	ストレッチボディ（ガガンボイエロー他各色）
Binder：	ストレッチボディ（ガガンボイエロー他各色）
Hackle：	ＣＤＣフェザー

⇦ YouTube 動画と連携しています。動画はテール＆ポストあり、なしの2種類。「フライの雑誌社チャンネル アイカザイム」で検索を。

① ＣＤＣのティップ部分をカットする。シマザキ・スリットステージにセットしてＣＤＣをクリップで挟んだ状態まで用意する。片側に寄せて挟むのがコツ。

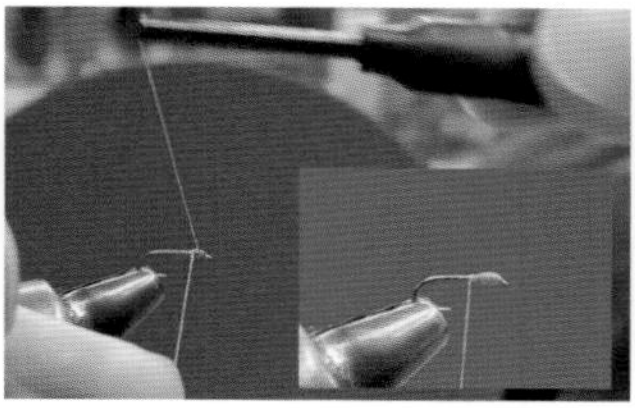

② アイの後ろにスレッドで小さなコブ（アンダーヘッド）を作る。このコブがストッパーになってヘッドをスッキリ仕上げてくれる。アイがつぶれない。

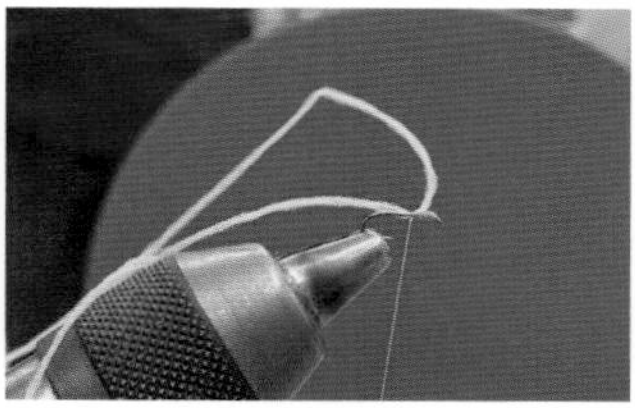

③ ストレッチボディを二つ折りにして止め、長いほうの片端に結びコブを作る。二本まとめてアンダーヘッドの後ろからベンド側に巻き下げて止める。

④ 結びコブを作った長いほうをベンドからアイ方向へ巻き上げていく。アンダーヘッドの一個半後ろまできたら、いったんスレッドにからげて止める。

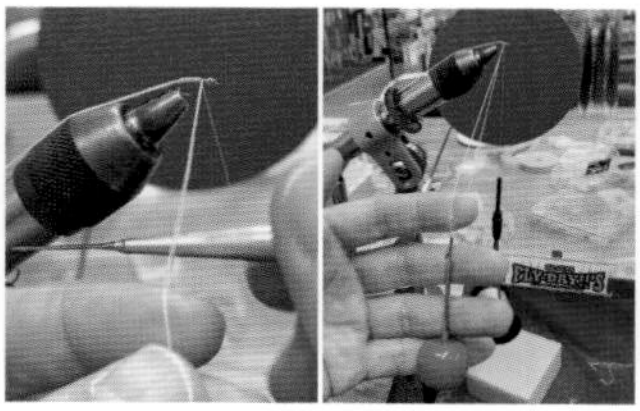

⑤ ④で巻き止めた方をボドキンなどで割き、アップルツイスターをセットする。スプリットしたストレッチボディは結びコブで止まる。間を指で広げる。

⑥ ①の CDC を、ストレッチボディに対して直交するようにバインドする。切り揃えた側をベンド幅の 1.2 倍から 1.5 倍出した位置で挟む。ツイストする。

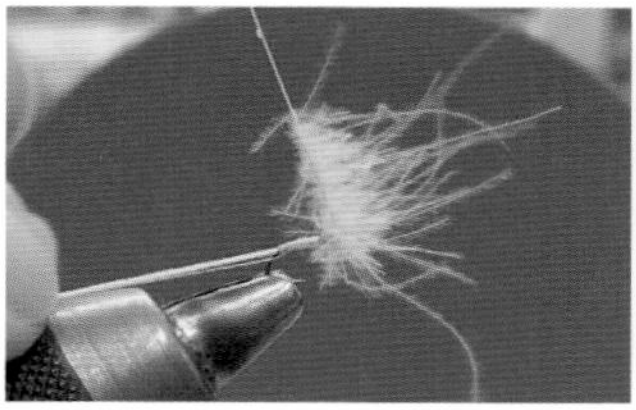

⑦ ツイストしたＣＤＣを指でアイ方向へなでつける。アンダーヘッドの後ろから、ベンド方向に向けてＣＤＣをハックリングしていく。ラフで大丈夫。

⑧ アイ側へおちょこになるように矯正しつつＣＤＣをハックリングする。ハックルの後ろでストレッチボディごと巻き止める。ベンド側に残しておいた↗

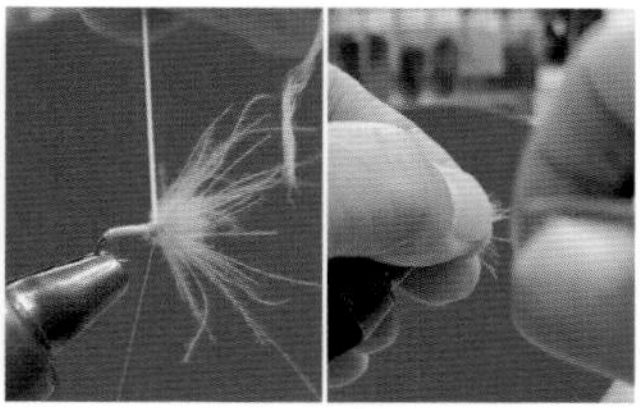

⑨ ストレッチボディをアイ方向へ重ねて巻き上げ、ハックルをさらにアイ側へ押し付ける。ハックルの後ろでフィニッシュ。余分なＣＤＣを指でちぎる。

かけがえのない魚

小池 要

幼少時代の私にとって、実物を見たことがないオイカワは憧れの魚だった。きれいな色彩で羽衣みたいな長い尻ビレの魚を、図鑑でうっとりと眺めて妄想していた。

初めて見たオイカワは、鮮烈だった。釣具屋に並んでいるオイカワカラーのプラグそのまんまの色合いで、赤いアイシャドウの入った眼、見る方向で虹色になったり、まぶしい銀色に変化する魚体をいつまでも眺めた。そして、何枚も写真を撮った。

埼玉に引っ越してきてから、近くを流れる用水路にもオイカワがいることを知った。

晩秋には水位が落ちて、魚が深場に集まる。夕方になると、ぱらぱらとユスリカへのライズが始まる。竿を片手に用水路沿いの遊歩道をライズを探しながら歩き、散歩する人々が途切れたところで、ささっと準備してオイカワを釣る。

水位が上がる春は、魚が散ってしまうので少しだけ遠征する。冬から春にかけての、薄化粧で透明感のある清楚なオイカワも素敵だが、初夏のしっかりと色づいた厚化粧のけばいオイカワにも心ひかれる。

フライは、①グリフィスズナットを使うことが多い。数匹釣って沈むようになっても、フォルスキャストで水分を飛ばして、ドライシェイクスプレーをひと吹きすれば、すぐに復活するので便利だ。ラインスピードを落として、そっと置くようにキャストすると、着水と同時にオイカワが飛び出してくるのが楽しい（オイカワ釣りは、ゆったりとしたループの作れる竹竿で釣るのが一番楽しいと感じる）。

魚は出るのに、なかなかフッキングしないときには、②CDCユスリカを使う。ストレッチボディに一つまみのCDCをパラリと巻いただけ。できるだけマテリアルを少なく巻くことで、小さなオイカワでも吸い込みやすくしている。フッキング率は高いが、1匹釣ると、すぐに

沈んでしまう。しかし積極的に沈ませてもよく釣れる。

水面への反応が悪い時は、②から30～40㎝離れた場所に枝針として③ソフトハックルを結ぶ。ダウンクロスにキャストし、ゆっくりスイングさせると、ゴンゴン、コツコツとサイズ以上のアタリが楽しめる。アタリがあっても、そのままあわせないか、下流に送り込むようにあわせると、フッキング率が高くなる。運がいいと2匹釣れることもあり、地味にうれしい。

何の予定もない日曜日の黄昏時。涼しい風が吹き出すと、憂鬱で空虚で胸がギューッとなる。そんな時は、サンダル履きのままオイカワ釣りに出かけよう。日常の延長、着の身着のまま、無計画でいい。釣りなんて所詮は暇つぶしだが、憂鬱で空虚な気分を、ほんの少しだけ慰めてくれる。日々の厄介ごとを一瞬でも忘れさせてくれる。そして、来週も頑張ろうと思うようになる。

オイカワは、私にとってかけがえのない魚だ。

（埼玉県）

①グリフィスズナット
HOOK：TMC100BL #18 ～ 22　Thread：ユニスレッド 8/0　Body：ピーコックハール　Hackle：グリズリー

②CDCユスリカ
HOOK：TMC500U #20 ～ 22　Thread：ユニスレッド 8/0　Body：ストレッチボディ　Wing：CDC

③ソフトハックル
HOOK：TMC100BL #18 ～ 20　Thread：ユニスレッド 8/0　Body：シルクフロス　Hackle：パートリッジ

⇧ 子供と水遊びのついでにオイカワ釣り。
⇨ ゆったりとしたループを作れる竹竿が楽しい。

フライ探求の日々
古田充夫

私がいつもオイカワ釣りをするのは下総台地の一角、ほとんど水田の一部と言って良いような川だ。

流れはほとんどなく、川幅は10ｍほど。底には周りの水田から流れ込む泥が積もり、稲作の時季に合わせて水位は1ｍ以上変動する。1、2月は魚の姿が全く見られず、釣れるのは3月から12月まで。

その季節、オイカワたちは数匹から数十匹までの群れを作って回遊する。

朝から昼過ぎに活発になるライズを、ウエイダーをはいて土手を歩き回って探し、アプローチする。まずはよく浮いて見やすいフライを回遊コースの先に置いて反応を探る。

①フックはスタンダード#18。ボディは赤い裁縫用の絹糸、リブはオレンジのミシン糸、ウイングとしてCDCを頭の方に巻き止めるだけの簡単な作り。

色違いでボディに緑系のダビング材やカラスのクイルファイバー、リブにカパーワイヤーなど。

①のフライで反応はあるがうまくヒットしないことがある。そんな時はちょっとフライを変える。

②はカーブドシャンク#20～24のフックに巻いたフライ。素材は①と同様で、CDCで水面に浮き、ボディが水面直下にぶら下がるように、パラシュートっぽく巻く。

ライズが続いているのに①、②のフライでは反応がないこともある。水面に貼り付いて流れてくる形のはっきりしないものを食べている、またはちょっと動きのあるものだけに反応するような状況。

そんな時に使うのが③のフライ。

カーブドシャンク#20～24のフックに巻く。素材はマラブーか、パートリッジの根元にある綿毛。これをボディに巻いて、オレンジのミシン糸かカパーワイヤでリブをつける。

モサモサした素材の特性で、水面にべったりと貼り付くように流れて行く。魚が動くものに反応している場合は、ライズの近くでスーッと引いてやる。

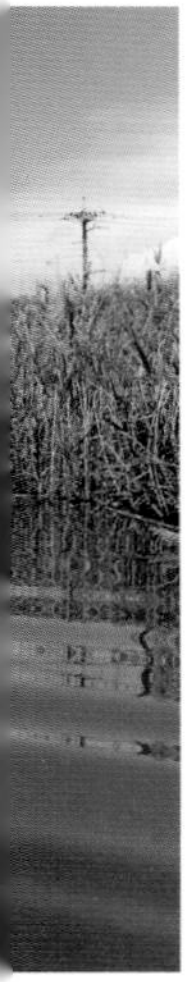

大抵はこれらの3種のフライを使い分けてオイカワを釣っているが、どうしても釣れないのが次の二つの場面。

まずは春から夏にかけてアブラムシが大量に水面を流れてきて、オイカワたちがそれに夢中になっているとき。

もう一つは流れ込みの下に集まって、時々ヒラを打ちながら水中で何かを食べているとき。

こいつらは手を変え品を変えしても、なかなかフライに反応してくれない。

何とかマッチするフライがないものかと、いくつも新しいフライを作っては失敗し、また作っては失敗し、を繰り返している。

これからもオイカワのフライ探求の日々はまだまだ続きそうだ。


（千葉県）

① HOOK：アキスコ　AFB-1190　#18　Body：絹糸（赤）、ダビング材（緑）、カラスのクイルファイバーなど　Rib：ミシン糸（オレンジ）、カパーワイヤー　Wing：CDC（緑、クリーム）

② HOOK：バリバス　2200BL-B #20～24　Body：絹糸（赤）、ダビング材（緑）、カラスのクイルファイバーなど　Rib：ミシン糸（オレンジ）、カパーワイヤー　Wing：CDC（緑、クリーム）

③ HOOK：バリバス　2200BL-B #20～24　Body：マラブー（緑）、パートリッジ・ブラウンバックの根元にある綿毛　Rib：ミシン糸（オレンジ）、カパーワイヤー　Wing：ボディと同じ

ほとんど流れのない川のオイカワ。

最初にガツンと

斉土修

水面を流れる毛鉤に飛び出る小さな魚の快感は思春期のころに覚えた。少しずつ内容が変わってきたけど四〇代後半になった今でも大好きだ、夢中なんだ。

ルアーで狙うブラックバスやライギョと違う世界も知りたくて、「少年つりトップ」の広告を見て欲しくてたまらなかったシェイクスピアの初心者フライセットをお年玉で買ってみた。でも中学生の行動範囲で狙える魚はハエ（オイカワ／カワムツ）だけだった。本当はヤマメが釣りたかったのに。

あの頃と同じ場所、ゾウさんプール前のポイントで、あの頃見ていたのと同じライズを狙う。ハックルなんて買えなかった当時は、コタツ布団の中身を引っ張り出してウイングとして巻きつけたミッジピューパを使っていた。着水して数秒後にはたっぷり水分を吸って沈んじゃうやつだ。

今の俺はちがう。ウイングは中空ポリプロピレン、ボディはきれいに剝がしたストリップト・ピーコックをていねいに巻いてある。フライロッドは、教科書の片隅にロゴを落書きするくらいに憧れていたオービス、「アングリング」誌のオイカワ釣り記事に載っていたウルトラファイン。そして、ライズ地点にダウンクロスでフライ先行で送り込む技を知っている。

魚の数は減った。2016年の熊本地震の影響で湧き水が減って川も浅くなった。でもフライフィッシングなら満足できるくらいたくさん釣れる。新しい楽しみ方も見つけた。

中学生のころはプールのライズばかり気にして、興味がなかった手前のチャラ瀬。そこでテンカラ釣りみたいだって嫌っていた流し毛鉤釣りを覚えた。安いけど応用が利くピーコックをボディに巻いたフライを結んで、静かに慎重にチャラ瀬に忍び寄る。ダウンクロスで投げて、着水と同時にリトリーブ開始。

以前はフライがスイングして流れの中できれいにターンするまでリトリーブ

を我慢していたけど、着水直後でも出るし、あたるし、勝負が早いから着水したらリトリーブ開始だ。水面直下だ。教科書やマニュアルなんて気にするな。

数回のリトリーブで、その日のチャラ瀬で一番大きなオスのオイカワが、最初にガツンと出るだろう。かけた瞬間から抵抗してチャラ瀬をぐんぐん上流へ上っていく。水中にやる気満々のオレンジの婚姻色が見えるはずだ。

「オイカワって、あわせた瞬間に飛んでくるし、ファイトしないよね」

そんな風にほざく自称エキスパートのフライマンがたくさんいる。でも彼らは婚姻色オイカワのナイスファイトを知らない、かわいそうなフライマンだ。

あの頃は、大人になったらいつだって、どこへでも釣りに行けると思っていた。でもなかなかそうもいかなくてね。

時間がないけどライズの釣りを楽しみたい時は、老眼で見えないティペットとアイに苦戦しながら、ハエを本気で狙っている。（熊本県）

①目潰しブユ（スレッド瞬接ボディー） HOOK：TMC100　#18 ～ 22　Thread：8/0（ブラック） Body：スレッドを瞬間接着剤コーティング　Wing：ジーロン（ホワイト） Hackle：コックネック（ダン）

②目潰しブユ　HOOK：TMC102Y #17 ～ 19　Thread：8/0（ブラック） Body：ピーコックハール　Wing：ジーロン（ホワイト） Hackle：コックネック（ダン） Rib：モーターの銅線

③ミッジピューパ　HOOK：TMC102Y #17 ～ 19　Thread：8/0（ブラック） Body：ピーコック（ストリップ）Thorax：ピーコックハール　Wing：TMC エアロドライウィング

ゾウさんプール前は今も子どもと大人の遊び場。

多摩川のオイカワ釣り

遠藤早都治

オイカワ釣りは、7月前後が最も楽しい。家から車で30分の多摩川の年券を買って、マルタウグイ、オイカワ、コイやニゴイと、四季それぞれに魚を釣っている。

水面をはねる魚が増えたとか、水が温かくなったとか肌で感じながら、そろそろオイカワ釣りの季節かなぁ、なんて考えている。

きれいなオスが釣れると、当たりくじを引いたようでとてもうれしい。10匹釣って1匹くらいがオス。

7月前後が産卵期で、オスはお腹がオレンジ色、緑、白、銀とカラフルな婚姻色になる。かかった瞬間、水面で躍るオス。オレンジ色の腹。やった！ アタリだ！ という感じ。複雑に考えず、ただただフライを流すスタイルで釣っている。

冬のオイカワ釣りを頑張ったこともある。夏は簡単に釣れる癒しの魚たちが冬はとんでもなく難しかった。小さい川の方がいい。冬はガン玉をつけて深場を探ればよく釣れるとお客様が教えてくれた。

多摩川では6月の梅雨から10月頃まで楽しめる。夏の朝夕は特に活性が高い。過ごしやすい朝夕に1時間ほど釣れば十分だ。

晴れより曇りがよく、曇っていれば一日中釣れ続けることもある。雨の日も釣れる。薄濁り程度ならば、餌が流れるからか、とても元気になるときがある。しかし増水時は危険なので釣りはしない。

釣りをするにはオイカワがそこにいることが一番大事なことだ。散歩しながら川辺を歩いてみる。水面に小さな波紋を見つけることができるはず。オイカワがユスリカを食べている波紋であることが多い。

基本的に群れをつくる魚で、群れている魚の数が多いほど釣りやすい。なので、一匹見つけたら、その周辺には何匹かいるに違いない。

大きな川は大きな群れになるので釣りやすい。小さな川は小さな群れになるので釣りにくい。イナゴや人間、他の生き物にも共通することとして、群れると凶暴化するようで、かなり大胆に貪欲に餌を食べる。

大きな群れほどウェットフライやピューパフライを沈めて流すと立て続けに釣れるが、小さな群れは驚くほど警戒心が高くなる。ドライフライで静かに狙う方が効果的だ。

多摩川は群れが大きい。しかしお店（フライフィッシングショップなごみ）の近くの小さな川は5匹くらいの群れが多く、一匹釣るとおしまい。こちらの気配に気づかれると、全く釣れずにおしまい。ということもある。

大きい川と小さい川では、同じ魚か？と思うくらい、全く違う性格になる。

釣り方は、ウェットフライを斜め下流に投げる。自分からフライまで、なるべく真っすぐにする。糸を手に握り、何にもしないで下流まで糸を張って流す。

釣れなかったら、糸を小刻みに手繰り寄せてみる。最初からフライを2個、違う色を結ぶ。どっちかにオイカワがかかる。両方かかるときもある。ちょっとずつ釣り下る。

釣れないときは釣れない。たくさん魚が跳ねているときでも釣れない。なのであんまり深追いはしない。また来よう。そのくらいにしていた方がちょうどよく遊べます。

（神奈川県）

①黒きらきら　HOOK：AFB1100　#20　Thread & Body：ヴィーヴァス アイリススレッド黒を巻くだけで簡単に作れる。赤きらきら、金きらきらもある。色を変えると釣れたりする。ドロッパーなら2きらきら。いつも使うとてもよく釣れるフライ。

②ハックルフライ　HOOK：AFB1100　#20　Thread：ヴィーヴァス 16/0 各色　Body：ヴィーヴァス アイリススレッド各色　Hackle：コックネック　基本はウェット。ハックルが震えて水の中で波動を出すと思っている。ドライにも。

③ＣＤＣピューパ　HOOK：AFB1100　#20　Thread：ヴィーヴァス 16/0 各色　Body：スレッド　Wing：マルクプティジャン CDC　ドライフライで釣りたいときに。ウィングは大きいままで食うならそのまま。吸い込みが悪ければ釣り場で切る。

大きな川は大きな群れになる。大きな群れになると凶暴化する。ティペットはフロロカーボンの8Ｘを使っている。

いくらでも魚はいるので

茶木平英敏

この3年くらい、私の夏の釣りは多摩川のオイカワ釣りです。なんてったって近場で気軽なのがいいじゃないですか。

ヤマメを狙いに夜明け前から出動するのもいいけれど、ゆっくり朝寝して、照りつけるお日様を避け、家でこんな感じかなぁといくつかフライを巻いて準備をします。出かける前には窓から見える木がどのくらい風に吹かれているかで、タックルを決めます。釣り場は吹きっさらしなので、風は要注意です。

少し日が陰るころに自転車に乗って釣り場へ走る。道沿いのクルマ屋さんで気になったクルマを眺めたり、釣り場でのおやつを買いにコンビニに寄ったり。急ぐことはない、いくらでも魚はいるし、釣り場は広い。こういう余裕が精神衛生上、誠によろしい。

大きくてせいぜい15㎝くらい、マス類に比べればおちょぼ口のくせして、意外に#16のフライにも果敢にアタックしてくるから、あまり特殊なパターンはいらないようです。#22より小さなフライにはいい反応をするけど、アユ釣りのおじさんたちとの共存のためにも極小パターンはほとんど使っていません。

私はユスリカのピューパ、アダルトを中心にして、アントパターン、クロスオーストリッチ、あとはなんだかよくわからないドライフライやらソフトハックルで間に合わせています。

ロッドはだいたい3本のうちから風の具合で決めます。主に羽舟竿6フィート8インチか5フィート6インチ#2。少し風が吹いている時は短い竹竿の使い勝手がありがたいです。もっと吹くようだと、マッキーズ スムース 7フィート10インチ#3を取り出します。

他にはクリッパーとシャープナー、6Xと7Xティペット、フロータントをいくつか。小さなバッグに水筒とカメラを入れても十分に余裕があります。

気軽な釣りだけど、釣れるかどうかは別の話。サイズやパターンはもちろん、フライの落とし方、流し方、ぽっかり浮

オイカワ用に小さいランディングネットを特注した。工房ひわたり製。

オイカワ釣りに持って行くフライボックスはこれ一つ。

いているフライか、べったり水面に張り付いているか、半沈みに水面直下、もうちょっと沈めるとか。

　パターンにはまれば面白いように釣れ続き、反対に外すとライズリングに囲まれながら立ち尽くす羽目になります。

　それから狙うスポットも絞らねば。魚はそこら中にいるし、ライズもしているけど、なぜか深いところのライズは釣りにくい、なぜなんでしょうね。流芯近くのいいライズには背を向けて、浅場のポツンというライズに気持ちを定めます。足首くらいの深さからいいサイズのオスが出てきたりするし、フライの着水と同時に食ってきたりするから気が抜けません。

　ああでもない、こうでもないと試行錯誤を重ねながら、今日も日が暮れてしまいました。とりあえずフライが見えなくなるまで釣ってから、家路を急ぐことにします。　（東京都）

①ユスリカアダルト
HOOK：TMC 900BL/2488　#18
Body：CDCダブ、ヘアズイヤーダビング（カセットテープ＋ヘアズイヤー、CDCダブのみなどバリエーションあり）　Wing：CDC（取り付け方は色々）

②アント風マシュマロ
HOOK：TMC900BL #18 Body：エアロドライウィング（黒）　Wing：エアロドライウィング（黒）　Hackle：コックネック（ブラウン）

③オポッサムさん
HOOK：TMC100SP-BL　Body：オポッサム　Thorax：オポッサム　Rib：カパーワイヤー

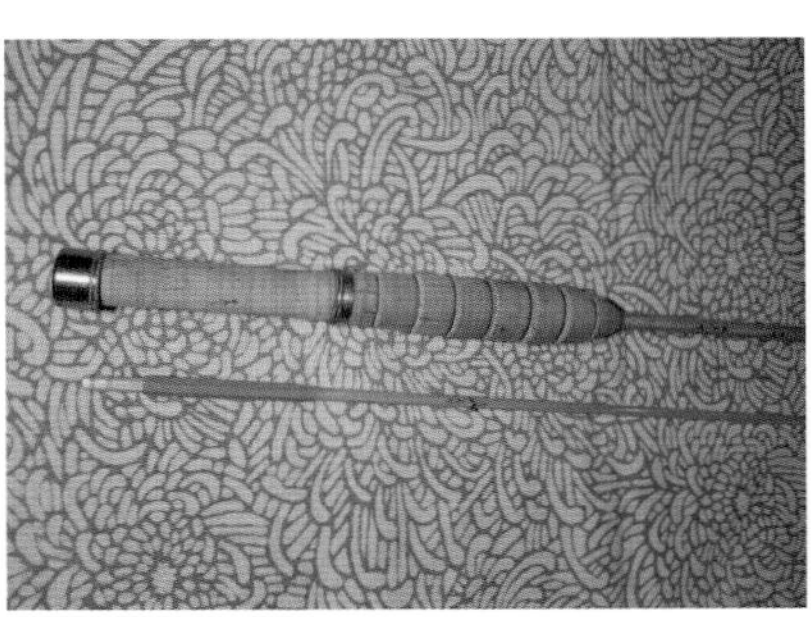

羽舟竿　6フィート8インチ　＃2　真竹。ラインのターンが気持ち良い。これを振るためにだけでも川に行きたくなる。

ドライフライ・オンリー

和田有司

最初にお断りさせて頂きますが、私のフライは、決してオイカワ用ではありません。長良川のシラメ釣りで使った余り物を転用しているだけです。

その中でオイカワに有効だったものを紹介させて頂いたので、斬新さやオリジナリティーはゼロですので、ご了承ください。唯一のこだわりは、「軽くてシンプルなフライ＝吸い込みが良くてよく釣れる」という点だけです。

①ユスリカ・スペント

緩い流れを狙うときに使用します。

CDCのフライは、釣れ具合は抜群です。このフライは、私のフライの中で最も漁獲率の高い1本です。しかし、決して気に入っているわけではありません。

理由は、私の近所の川のオイカワは、次から次に釣れるので、CDCだと、どれだけフロータントを塗っても、数匹釣ったらフライを交換せねばならず、非常に小忙しい思いをするからです。また、水面が波立ったりすると、すぐに〝沈〟してしまいます。それ故、「よく釣れるけれど、面倒くさいフライ」というのが、正直なところです。

②バイビジブル

スレッドとハックルだけで巻いた超シンプルなフライです。

パーマハックルのフライは、CDCに比べると釣果は若干落ちます。フッキングが少し悪いような気がします。しかし、オイカワは次々にフライにアタックしてくるので、「少々フッキングが悪くても、次のやつが、すぐにかかるさ」と、あまり気にしていません。しかも、CDCと違って、ドライシェイクに潜らせればフライを交換する必要もありません。

結果的に、このフライを最も多用しているような気がします。

③ダン・パラシュート

これはイブニング用です。

オイカワは、言うまでもなく夕方が

ベストタイムです。私は、オイカワはドライフライ・オンリーなので、夕方になると見やすい白いインジケーターのパラシュートを使用しています。

CDCと比べるとパラシュート系はマテリアルの重量があるためか吸い込みが悪くなります。オイカワといえども違和感を覚えるようです。ただ、私は〝見えないストレス〟よりも、〝掛からないストレス〟の方が我慢できる性格なので、薄暗くなったら、迷うことなくこのフライにチェンジします。

（岐阜県）

①ユスリカ・スペント
HOOK：がまかつB-11B　＃20　Tail：ハックル（ブラック）　Body：スレッド（ブラック）　Wing：CDC　indicator：アルファ目印

②バイビジブル
HOOK：TMC100 #22　Body：スレッド（ブラック）　Hackle：コックネック（グリズリー）

③ダン・パラシュート
HOOK：TMC102Y #19
Tail：コックネックハックル（ブラウン）
Body：スレッド（DKブラウン）
Wing：コックネックハックル（ブラウン）
indicator：TMC エアロドライウィング

カワムツ

オイカワ

オイカワとカワムツ、そのただならぬ魅力について

堀内正徳（『フライの雑誌』編集部）

オイカワとは何か

オイカワは日本、朝鮮半島、台湾、中国東南部に分布している。日本列島では九州、四国、本州各地、北海道の、河川やダム湖をふくめた湖沼、公園の池に生息している。沖縄をのぞいてほぼどこにでもいる。

オイカワの原産地はややこしくなる。「オイカワの日本における分布域の拡大」（水口１９９０）には、１９２４年（大正13年）に始まった琵琶湖産コアユの移殖放流事業と共に、混獲された琵琶湖産オイカワが全国の河川へまかれた――とある。

コアユ放流が行なわれる以前は、オイカワは関東以西の本州、九州、四国に生息し、北海道、東北にはいなかった。本州日本海側にもほとんどいなかった。関東地方には利根川あたりを北限として、コアユ放流以前からオイカワが自然に分布していた。ただしフォッサマグナを境に関東地方の集団は西日本のそれとは分断されていた。

同論文では、全国各地の漁協へアンケートを実施して、たくさんあるオイカワの地方名を記録してあるのが面白い。現在、オイカワが各地でどのように呼ばれているかは、本書94頁からのアンケートで分かる。

この「水口」とは水口憲哉さんのことだ。水口さんの博士論文（１９６９年）のタイトルは、「オイカワの繁殖生態と分布域の拡大に伴う二、三の形質変異」であるから、筋金入りのオイカワ好きである。オイカワを専門に研究する研究者は少ないらしい。水産的に価値が低いのが理由のようだ。

どこにでもいる魚を、素通りせずに長い期間見つめ続けるのには、見る人の意思が必要だ。そして、釣り人には、オイカワがどこにでもいる魚だからこそ、かけがえのない大切な魚になることもある。

オイカワが好きな人は信用できる。

寿命とサイズ

オイカワの生態について。日本の淡水魚の生態を知りたい時は、山と渓谷社から出ている大冊『日本の淡水魚』を開く。

それによると、オイカワは生息環境によって多様な食性を示す。藻類から水生昆虫、落下昆虫、底生動物や浮遊動物などを食う。摂餌の仕方もそれに応じて変化に富んでいる。産卵期は５～８月。岸寄りの流れがゆるい平瀬の砂礫底で産卵する。

「水温の高い時には河川の瀬や淵、特に平瀬に多く生息するが、冬は深みや水生植物帯に移る。しかし、好天の日は冬でも群泳する」（244頁）という記述は、フライフィッシャー的に気になる。

「稚魚期には流下し、河口付近まで下ることもあるが、上流部に下流形態を持つ河川では稚魚の流下がそこで止まることがある。未成魚になると遡上する傾向が強い」ともある。

わたしたちが悩まされる〝いるときは百万匹いるけど、いなくなると一切いなくなる〟彼らの不思議な行動のことだろう。

オイカワは1年で全長約10㎝、2年で12㎝、3年で13㎝に成長する。オスは15㎝を超える。ふつうは2年で成熟する。性成熟したオスは、産卵行動に参加した後は秋までにすべて死ぬ。

オイカワは、20㎝を釣れば文句なしで

トロフィーだ。オイカワが大きくなるのには生息環境、エサの量、釣り人を含めた天敵の量が関わる。

移動距離の大きい魚とはいえ、同じ川でもエリアによって、釣れる最大サイズには、限界がありそうだ。逆に、〈一寸（3㎝）ヤマベ〉を釣る工夫へ情熱を傾けている釣り人もいる。

オイカワはヤマメ、カワムツはイワナ

一方、『日本の淡水魚』でカワムツはこう紹介されている。（239頁）

「背部は褐色、腹部は白色で、体側中央に暗藍色の幅広い縦条がある」「流れのゆるやかな淵に多く生息する。岩の間や柳の下などに隠れる性質が強く、開けた場所には少ない」「オイカワと対照的である」「全長15センチ。生後2〜3年で成熟する。産卵期は5〜8月」

近年カワムツは、交雑せず形態が異なるA型とB型とに区別された。A型は別種の標準和名ヌマムツとなった。本書では便宜上「カワムツ」で統一する。

現在カワムツは、本来の分布域ではない東日本で、棲息河川を増やしている。感覚的には、とくに埼玉県でカワムツの出現率が高い印象がある。

全体にカワムツのほうがオイカワよりずんぐりむっくりで、より大きくなる。顔つきも違う。口も大きい。全長15㎝のカワムツは、フックサイズ#14でも余裕でフッキングする。

私見だが婚姻色のカワムツはオイカワよりもどぎつく、下品だ。魚に品もへったくれもあるかとカワムツに怒られそうだ。

わたしは見たことがないが、尺カワムツもフライフィッシングで釣られているという。本場の西日本ではルアー釣りで狙う人もいる。多摩川水系ではここ2〜3年、カワムツが数を増やしている。この先さらに勢力を伸ばしそうな予感がする。

オイカワ、カワムツ両方を日常的に釣っている鹿児島の中馬達雄さんは、「オイカワはヤマメ、カワムツはイワナ」と表現する。たしかにカワムツはなんとなく〝ネクラ〟で〝どう猛〟な感じがする。イワナにもカワムツにもごめんなさい。

カワムツを釣りたいとき、岸際のとろっとした流れの、テトラの影や草むらの際に

10歳と75歳の二人が並んでオイカワを釣っている風景。年齢も性別も立場も関係なく一緒に遊べるのが釣りのいいところ。

まだ番長と名乗るには修行が足りないが将来有望な成長期まっ盛りのオス。オイカワは4月〜5月だけで年間成長量の半分を成長するという。

フライを流す。するとオイカワではなくてカワムツがちょぼっという感じでフライを吸い込む。

カワムツよりもオイカワの方が、鋭角的にファイトする。小さくてもキュンッ、キュンッと横走りして、ロッドティップに心地いいのはオイカワだ。同サイズならカワムツはオイカワより引かない。

雑魚について

オイカワの属名は、*Zacco* である（⇩81頁）。わたしは個人的に「雑魚」という言葉に、ずっと抵抗を感じてきた。上から目線な匂いがするからだ。

ゲームやアニメで頭数合わせのどうでもいいキャラクターを雑魚キャラと呼ぶ。敵なら簡単に死ぬ。へたすると顔が「へのへのもへじ」だったりするのは、あんまりだ。

「雑魚」の語意を改めて確認した。すると雑魚にはたしかに〈地位の低い者、取るに足りない者〉を指す侮蔑の意味もあるが、〈いろいろな種類の入り交じった〉の意味がある。江戸時代は魚市場を「雑魚場」と呼んでいた。桂ざこばの名跡はそっち筋だ。

農文協の人間選書『おもしろ学校公開授業「雑」には愛がいっぱい』（名取弘文）では、「雑」をモチーフに多様な立場の人が小学校で公開授業を行なっている。「雑魚」でオイカワとウマヅラハギを題材にしたのは、水口憲哉さんだ（⇩82頁）。小泉武夫さんは「雑菌」を、小林カツ代さんは「雑煮」を授業のテーマにしている。

本の前書きにはこうある。〈雑という字を「さまざまな」「多様な価値の」と読むと、今まで見えなかったことがたくさん見えてきます〉〈この雑踏の世界にどうぞご一緒に〉

――雑魚、いい感じになってきた。

オイカワ／カワムツは、とても身近にいる。身近であるが故に、多様な釣り方で楽しめる魚である。

コース・フィッシング

フライフィッシングの故郷イギリスでは、18世紀以降、身近にいる魚を素朴な方法で釣るコース・フィッシング（coarse-fishing）と、サケ科の魚を特にフライを用いて釣るゲーム・フィッシングに、釣りを大別する傾向が生まれた。『釣りとイギリス人』飯田操　平凡社）

「19世紀は、前世紀から始まった産業革命という社会構造の大きな変化の結果、釣りが大きく変化した時代だった。それは、スポーツという概念の変化にも辿れることであるが、商業主義と競争の論理が入り込んだ時代であった」（200頁）

〝スポーツ〟の語源は娯楽、気晴らしだ。人間同士が競いあう意味が出てくるのは近世以降のようだ。産業革命後のイケイケドンドンの社会風潮の中で、釣果第一主義の釣りが流行するのに対して、身近で素朴な釣りを好む層もあった。

近郊の湖沼や池で、ローチ、デイス、ブリーム、トゲウオ、テンチといった小魚をエサで釣って心の休息とした。水辺の風景を叙情的に描いた19世紀初頭の画家ターナーは、たいへんな釣り好きだったという。

雑魚釣りは英国庶民の楽しみであり、心の休息だった。２００年後の21世紀、人は何を求めて雑魚釣りに興じるのだろう。人間にとっては激変激動の２００年だが、魚にとってはその前の1万年と大して変わらないはずの２００年である。

日本では、１９７０年代以降にフライ

フィッシングが急速に一般化、大衆化した。主な対象魚はヤマメ、イワナ、ニジマスなどのマス類だった。書籍や雑誌はファッショナブルに紹介した。

1984年の『アングリング』第3号がオイカワを表紙にしたのは、華やかでどこか気どった舶来のフライフィッシングへの、カウンターの意図もあったのではないか。

オイカワ釣りがフライフィッシングの前衛だった。

伊藤桂一さんの場合

詩人で小説家の伊藤桂一さんは、第二次世界大戦を題材にした作品群で知られる。『兵隊たちの陸軍史』は、陸軍の一兵卒だった自分の実体験とそこでの見聞を記録した貴重なドキュメントだ。日本軍の従軍慰安婦を論じるなら、この本と岡本喜八監督の映画「独立愚連隊」に触れないといけない。男性、女性を問わず性を搾取する軍隊の絶望的な本質が伝わってくる。

二〇代を中国大陸の戦場で過ごした伊藤さんは、生きて帰ってきてからは釣りを人生の救いとする。水彩画のように淡麗

シマザキ・リーダーグリース。短時間の釣りのフロータントはこれ一本でまかなえる。

1984年『アングリング』第3号。「特集◎清流のナイフ ヤマベ（オイカワ） 冬季フライ実戦」。酒匂川支流・狩川。写真：高野健三　文：佐藤盛男

な文章は、『釣りの風景』（平凡社ライブラリー）でまとめて読める。

「ぼくはいろいろな釣場へ、いろいろな魚を釣りにいったが、いつのまにかヤマべ釣りを専門にした。どこでもいる平凡なこの魚が、ぼくには一番親しみが持てる」（206頁）

解説の芦澤一洋さんは前掲『釣りとイギリス人』を引いてコースフィッシングを〝川の雑魚釣り〟と紹介し、伊藤さんの釣りは「まさにそのコースフィッシング、川の普通の魚を釣るもの」（247頁）と書いている。

伊藤桂一さん編のTBSブリタニカ『釣りの歳時記』では、巻末の一章を「日曜釣り師のころ」という表題でご本人が担当している。そこにヤマベの毛鉤釣りの描写がある（289頁）。

「ヤマベを、毛鉤の流し釣りで釣るのは一般的な方法だが、ひところ私は、アユのドブ釣りと同じやり方で、ヤマベを釣っていたことがある。（中略）梅雨も終わりに近づいていて、好天の日だったが、釣っているうちに、夕立雲がみるみるひろがってきた。そうして、あたりが

暗澹とした気配に包まれはじめたある一刹那に、ドブ釣りの鈎に、ヤマベが必死に飛びつくようにしてかかりはじめた。（中略）このときほど徹底して釣れたことはなかった。それにしても、魚というのは、なぜこれほども毛鈎に来るのか、考えてみればふしぎである」

　伊藤さんは遠征のできない日曜釣り師ゆえに、ヤマベ釣りを友としたと書いている。そうだとしても、戦争から生き残った人間は、大物や数を求める釣りよりも、素朴なヤマベ釣りに心ひかれるものかもしれない。

「釣りは、ふつう、たのしい遊びだが、沈んだ気分をまぎらすために、釣場へ出かける人も多いのである。この世で、志を得られないとき、自分で自分を慰める最良の手段として、釣りが残されている。釣りしかないだろう」（『釣りの風景』32頁）

　伊藤さんのホームグラウンドは、現在の東京都多摩市を流れる多摩川支流大栗川だ。「大栗川のほとりで、ウグイスを聴きながら釣る、というそのことに、当時私はどれほど心身を慰められたかわからない。」（『釣りの歳時記』288頁）

　護岸工事をされてしまったが、今も大栗川にはオイカワがたくさん泳いでいる。

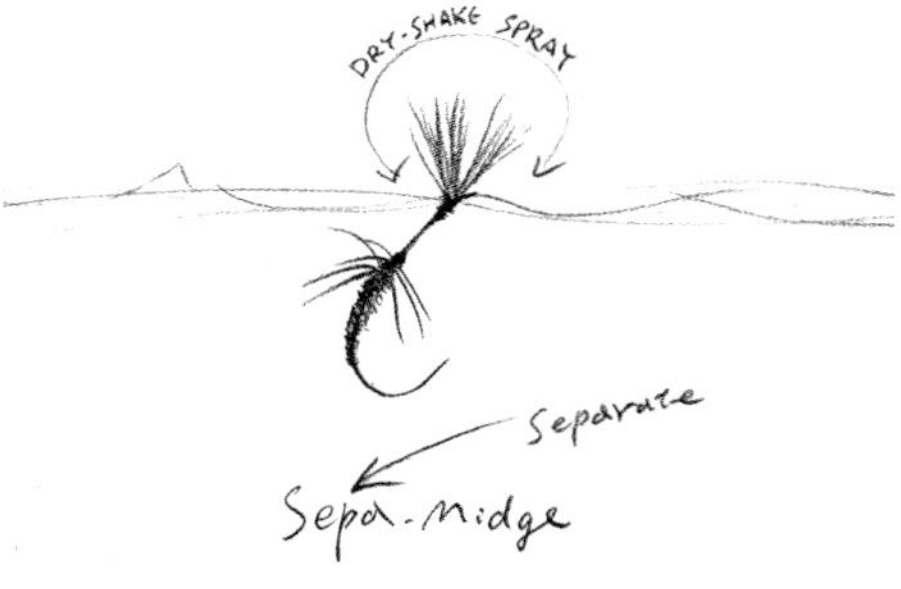

実用的なシマザキフライズの一つ、「セパ・ミッジ」のイメージイラスト。初出は『水生昆虫アルバム』（1997）P.72。*Illustration by Kenshiro Shimazaki*

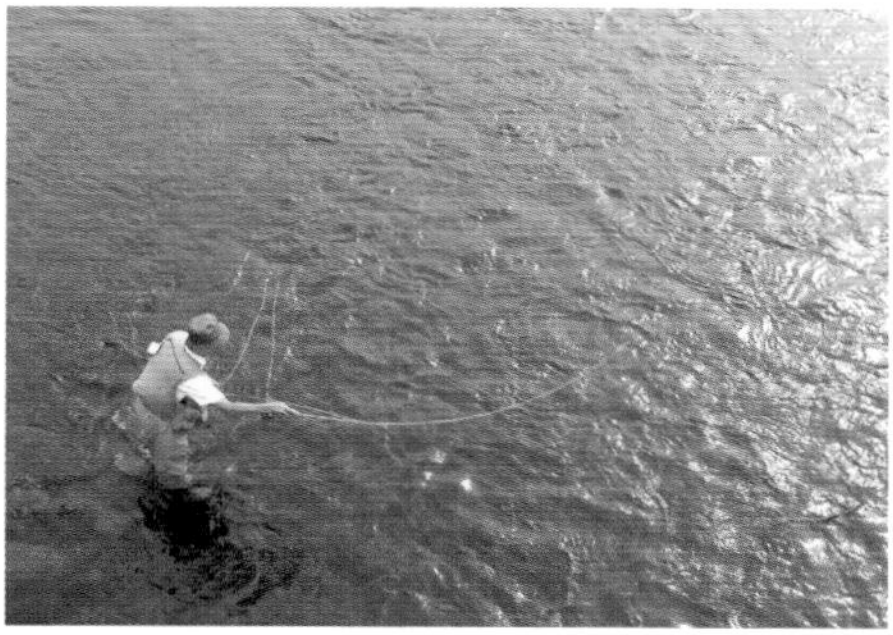

島崎憲司郎さんの釣り。アワセはロッドを寝かせたまま、フライラインを軽く張る感じ。ロッドは跳ね上げない。

朝日のあたる川面で

『フライの雑誌』第83号の特集シマザキワールド番外編（2008）で、島崎憲司郎さんが地元の桐生川でハヤを釣っている。

　フライフィッシングのエッジを独走している島崎憲司郎さんが、小さなハヤを釣って夏休みの子どもそのものの笑顔で笑っている。この取材時の憲司郎さんのハヤ釣りが、とてつもなく衝撃的だった。（⇩74頁）

　正直なところ、それまでのわたしのオイカワ釣りは、クロスかダウンへソフトハックル系を投げて、ただクイクイと引っ張ってくれば、勝手にかかるだけの釣りだった。向こうアワセのお気楽釣り。それはそれで面白いのだけれど、底が浅いのは否めない。

　ロッドの選択、キャスティング、流し方、フライパターン、リーダーシステムすべてにおいて、憲司郎さんのハヤ釣りは理屈と筋が通っていた。流れるような所作の中で、魔法のようにハヤが釣れ続けた。『水生昆虫アルバム』で憲司郎さんがマスをうんとたくさん釣っているのは分かっていたが、この人はハヤもどれだけ釣ってきたんだろうと呆れた。しかも、今もひまさえあればハヤ釣りへ通っているという。

取材を終え、自宅へ帰ってきたのは明け方だった。わたしはフライロッドをつないで、近所の川へじゃばじゃばと入った。朝日のあたる川面がきらきらと美しかった。

憲司郎さんはドライフライをダウンで流して、魚が反応したら竹竿を水面へ倒すようにしてラインでアワセていた。竿を跳ね上げたりは、絶対にしていなかった。そのアワセを何度も真似た。そしてその朝も、オイカワたちはたくさんライズしていた。

あの日から自分のオイカワ釣りの見方が変わった。地元の身近な川にフライフィッシングのすべてがある。自分はそれを知らなかった。後悔と、これからずっと続くだろう果てしない喜びへの期待があった。

川と魚と虫と竿と仕掛けと毛鉤と釣り方と人間が、ひとつながりにつながる。それはフライフィッシングの理想像、醍醐味だ。

近所のオイカワ釣りなら、いつでもつながりやすい道理だ。こんな幸せなことはない。

オイカワの夏

わたしのオイカワ釣り場は、多摩川支流浅川の狭い範囲である。オイカワは季節ごとで大移動する。追いかけはせず、自分のテリトリーに入ってくるまで待って釣る。

4月から12月までの夕方は、週に3回か4回のペースで川に浸かる。婚姻色に色付いた美しいオスが釣れ出すのは、5月中旬からだ。9月まで釣れることもある。

浅川はオイカワ／カワムツの釣り場としては、環境がいいとは言えない。夏場は高音になり、石にノロがつきやすい。大雨が降れば一気に出水する。国交省の草刈り場と呼ばれるほどに（わたしが言っている）、大規模な河川工事が毎年必ず行なわれる。川の流れが毎年変わる。

でも夏の夕方の、ほんの1時間（30分でもいい）、サンダル履きで川に立ってフライを振れば、全身がオイカワまみれになる。その日にあったよしなしごとが、すっと消えて、明日からまた生きていこうと思える。

オイカワ／カワムツのフライフィッシング以外に、これほど身近で合法的なアッパー・ドラッグをわたしは知らない。

あるとき、日本へ来たオーストラリアの釣具店の店員さんと知り合った。居酒屋でデジカメの写真をめくりながら、バラムンディやらパシフィック・ターポンやらマーリンやらの、豪快なフライフィッシングの話を色々教えてくれた。

わたしはいやまったくすごいと心から感嘆しつつ、自分の釣りも語りたくなった。

だから自分のデジカメを取り出して、

「昨日釣ったオイカワのオスだ。きれいだろう。ロッドは6フィートの竹竿、ラインは2番、19番のソフトハックルを20ヤード先の浅場に落としたら一発で出たんだ」

先ほどの巨大魚のド迫力に比べて、わたしのオイカワはいかにも小さい。

「まあ、ちっちゃいけどね」

と、言わずもがなの言い訳を付け加えた。おそるおそる先方の様子をうかがうと、

「釣りはなんでもたのしいな」

と親指を立ててきた。

「その通り。もしよかったら明日うちの川へオイカワを釣りに来るかい。道具はある。それに、オイカワはいくらでもいるんだ」

その後のビールはたいへんおいしかった。

オイカワ／カワムツ釣り進化系

堀内正徳

ドライフライを使って水面がらみで釣るのは面白い。ドライフライの釣りは魚の群れを散らしづらい。

オイカワ釣りの不思議で、日によって、水面上にフライをぽっかり浮かせた方がいいときと、水面に貼りつかせた方がいいときがある。

フライは太めのオポッサムボディに長めのヘンハックルをぱらりと巻いたソフトハックルをよく使う。浮かせたければシマザキ・リーダーグリースをぐちゃぐちゃに塗る。

川幅は30mくらい、水深がヒザ下までの広いトロ瀬のポイントで、15ヤードくらいのラインを出してライズを狙い撃ちする釣りが好きだ。夕方、タイミングが合えば辺り一帯がライズの雨になる。その一匹一匹のライズを狙って釣ると最高だ。

風が吹くとライズは消える。

よりシビアに楽しみたい

オイカワもカワムツも、ただ釣ろうと思えばかんたんな魚だ。

ライズを釣りたいとか、ドライフライでなくちゃいやとか、この竿で釣りたいとか、フライフィッシャー好みの条件付けをすればするほど難しくなり、面白くなる。

釣りは釣れなくても楽しいとよく言うが、オイカワ／カワムツのフライフィッシングに限っては、そうでもない。

目の前のプールでめちゃくちゃライズしているのに、フライ選択を間違えたり、妙な意地をはると、ベテランでもボウズは珍しくない。渓流釣りで定番の「先行者がいた」も、オイカワ釣りでは言い訳にならない。

オイカワ／カワムツだからこそ、魚がそこにいて釣りたいのに釣れなかったときのショックは大きい。

6月中旬の夕方、瀬を釣り下っていって夕方に、浅くて広いプールでオイカワのライズの雨に遭遇した。面倒だったので、瀬釣り用のシステムのまま釣り続けた。結果、わたしのフライだけを魚が避けるという、死にたいと思うような目にあった。

瀬で釣れば爆発するのは分かっていたが、粘って一匹も釣れないままに、まっ暗になった。不愉快な気分で自宅に帰り、つい家族にあたってしまい、もちろん百倍返しで逆襲されるオチがついた。

オイカワ／カワムツ釣りはきびしい。

そんなオイカワ／カワムツ釣りをよりシビアに、お腹の底から笑いながら楽しむための私的考察をまとめます。

ドライフライは「3秒ルール」

ドライフライによるマス釣りでは、ナチュラル・ドリフトが釣りの成否を大きく左右するとしばしば語られる。

どれだけ長い距離フライを自然に流し、違和感なく魚に口を開いてもらうか。そのためのリーダー、プレゼンテーションとドリフトのマニアックな研究が、近代フライフィッシングの大きなテーマだった。

オイカワ／カワムツは、ナチュラル・ドリフトでなくても釣れる。

長い距離を自然に流したらまず合わない。いくら自然に流しても、とくにオイカワは瞬きよりまだ速くフライに出る。ヤマメの比ではない。しかもずっと小さい。

八寸ヤマメの口がバケツだとしたら、オイカワの口はおちょこくらいだ。それでもフッキングするから不思議で面白い。

オイカワ／カワムツのドライフライでは「3秒ルール」を実践してみよう。

フライの着水後、3秒以内にフライへ出てもらう。それ以上流すとフライとロッドとの間にスラックが発生して合わなくなる。あるいは大アワセになる。

3秒以内に出てもらうには、あらかじめフライを落とす場所をみきわめ、正確に、そして大切なことだが、ゆっくりとプレゼントしてあげる必要がある。

水深は浅い。オイカワは身体の構造から言って、常に水面方向を見ている。飛行してくるフライを水中で必ず見ている。魚がそこにいてフライが見当違いでなければ、3秒以内にきっと出る。うまくプレゼントできれば着水と同時に出る。

もっとうまくいくと、フライが空中にある内に魚が飛び出てくる。そんなとき、釣り人は魚を自由に操っている気分になる。

ドライフライでは魚はそれほどフライパターンを選ばない。というか、相手がフライパターンへ四の五の言う前に打ち返す。

広い場所なら数人並んで仲良く釣れる。ポイントによる釣れ方の差は少ないが、釣り人の腕の差は明白に出る。自分だけ釣れないとかなりつらい。

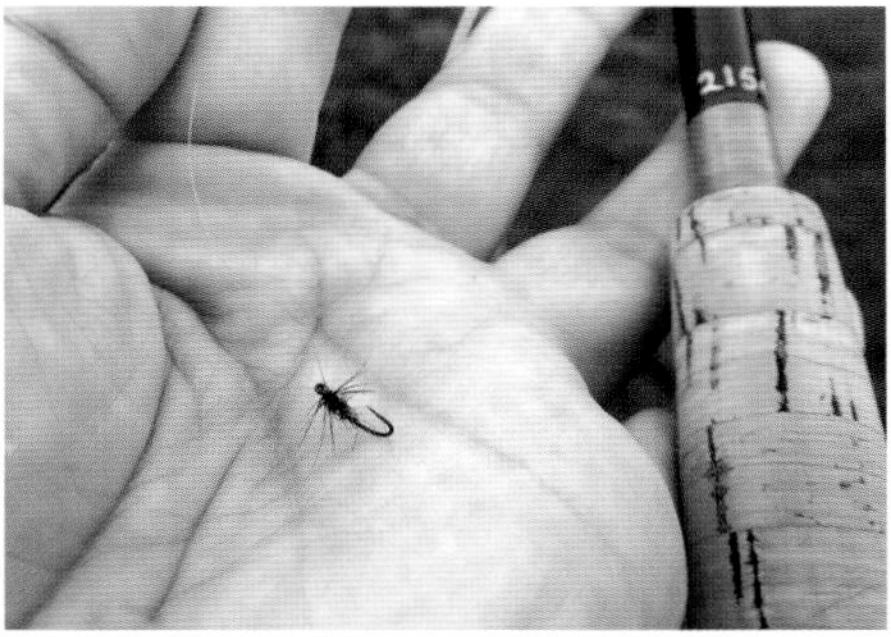

薄く巻いたハックルフライはフロータントを施せばドライフライでいけるし、沈んでも釣れる。軽量フックを使いたい。

落として3秒で出なければ、また打ち返す。ふわっとした落下のリアクションで食わせる。きっちりフライをターンオーバーさせることが前提である。

3秒ルールに習熟すると、フライの視認性も浮力も気にならなくなる。3秒以内なら浮力ゼロでもフライはほぼ沈まない。魚が反応すれば、フライが見えなくてもライズリングや水面が騒ぐなどで分かる。

ミッジのドリフトは短いほうがいい、風を利用しよう、ポジションを工夫しよう、と著書『ミッジング』に書いたのは西山徹さんだった。

フライは見えなくていい

15ヤードの距離を投げたとして（オイカワで15ヤードはロングキャストだ）、フライをどこに落としたかさえ分かれば、フライが見えなくてもアワセがきく。フライが小さいのも魚が小さいのも関係ない。見えないフライを心眼で見る。

これがうまくキマったときの快感は、なにものにも代えがたい。人生いま終わってもいいくらいだ。

ドライフライが見えなくていい、という逆転の発想をすることで、釣りの自由度は格段に広がる。ソフトハックルなどのウェットフライでも、ドライフライとして使える。

視認性と浮力の高さではドライの横綱、パラシュートも、3秒ルールの釣りでは無用の長物になる。小さいフックにパラシュートポストを立てるのは大変だ。

立ち位置はアップストリームでもいいが、流れが速い時は手元のラインのリトリーブがいそがしい。つい緩んでしまい、フライに何度出てもフッキングしない地獄に陥る。

かと言って完全なダウンでのドライの釣りは釣りづらいし、魚の出も落ちる。リーチとカーブキャストを併用したダウンストリーム気味のサイドクロスが釣りやすい。

フライフィッシングは疑似餌釣りだから、魚からフライに寄ってくることは期待できない。人間が有利なポジションをとるためのちょっとした努力を苦にしないことだ。

リーダーは短くていい

キャスティング技術と同じくらい重要なのが、リーダーシステムだ。ロングティペットの発想は捨てよう。狙ったピンスポットへフライを落として3秒だけ見せるのには、リーダーは短ければ短いほどいい。

オイカワやカワムツがいるような河川の中流域には、いつでも風が吹いている。無風でも竿をつなげば必ず風が吹いてくる、と『水生昆虫アルバム』にも書いてある。

3秒の釣りをするなら、7・5フィート、7Xの市販のリーダーのバットを1フィートくらい詰めて、0・4号か0・3号のティペットを約50㎝つなぐのが標準だ。

調子にのってバットを詰めすぎるとターンオーバーしづらくなる。じつはけっこうよく失敗する。ターンオーバーが悪いと感じたときは、フライをプレゼントする直前にかるくロッドを手前に引いて、リーダーをのばしてやる。

スラックラインはNG。だが、流れに合わせての左右のリーチキャストは必携である。リーチでカーブがかかった状態でも、ロッドティップからフライまでに弛みがなければ、フライラインの抵抗でちゃんとフッキングする。

オイカワ／カワムツ釣りは、キャストする回数が多い。スポットへ小さなフライを静かに落とす釣りを続けていると、いつのまにかキャスティングが上手くなっている。

ロッドアクションと番手

オイカワ／カワムツの釣りではロッドアクションにこだわりたい。

もちろん釣りだから、結局それぞれお好みのお道具でやるのが楽しい。自分の好みを発見するに至るまでには色んな回り道があって、一直線ではないところが面白い。

わたしの場合の理想のオイカワ／カワムツ竿は〝細くてしなって硬い竿〟である。魚が小さいから、竿は柔らかければ釣りが面白いかというと、そんなことはない。適度な腰の張りが欲しい。

本当は、ドライフライの釣りとウェットフライの釣りとで、竿を替えたい。フライロッドに求める性能が異なるからだ。

ドライフライではラインとリーダーの正確なコントロールを最優先にしたい。アワセでラインをしっかり持ち上げられる腰が欲しい。

ウェットの釣りではプレゼンテーション能力より、スイング中の感度とフライラインの張らせ具合、メンディングのかけやすさがとても重要になる。

　今日はドライで通そう、ウェット縛りにしよう、というのならともかく、一回の釣りのなかでドライとウェットの両方をバランスよく扱える竿が使いやすい。

　ライン番手はずばり2番。魚が小さいので番手は軽いほうが面白い。

　6フィート台までの細身のショートロッドで、2番ラインで全体が曲がり、腰に張りがあって、しかもティップの感度が繊細な竿がいい。

　1番ラインだと風に負けるし、0番、1番ラインでぴったりの竿に出会ったことがない。2番ラインは、設計の自由度を物理的に担保してくれると思う。

　オイカワのファイトは、鋭角的で多角的だ。ピン！　ピン！　ギュンッ！　という突っ込みは、スローアクションの竿よりも、腰に張りのある竿のほうが、よりダイレクトに手の中へ伝わってくる。

フッキングとアワセ

　スレていないマスは、ナチュラルに流れるドライフライへ、スローモーションのように、もっさりと口を開けて出てくる。大物ほど早合わせは禁物だ。

　オイカワがドライフライへゆったりと口を開けて出てくることは、絶対にない。ビシャッ、とか、ピシッ、という擬音がふさわしい。電光石火でアワセるのだ、と言えないこともない。

　ドライフライでもウェットフライでも、オイカワ／カワムツ釣りではアワセが非常に重要な要素だ。

　まず、ロッドを跳ね上げないことだ。

　柔らかいロッドを跳ね上げると、ロッドのバットからミドルがお辞儀して、ラインに伝わる力を吸収し、その間フライが動かない。かといって硬いロッドを跳ね上げると、フッキングした魚が勢い余って空を飛ぶ。「トビウオになっちゃった」はオイカワ釣り師として恥ずかしいことだ。

　魚が出たら（出た気がしたら）、ロッドをひねるか、メンディングするようにフライラインを張る。ロッドではなくラインでアワセる。そうすれば魚はその場から動かない。

　フライラインは軽いフライを遠くへ

大河川、湖ではオイカワも大きくなる。高原の湖で釣れた巨大魚。全長20㎝あった。ニジマス用の5番ロッドを絞ったので驚いた。

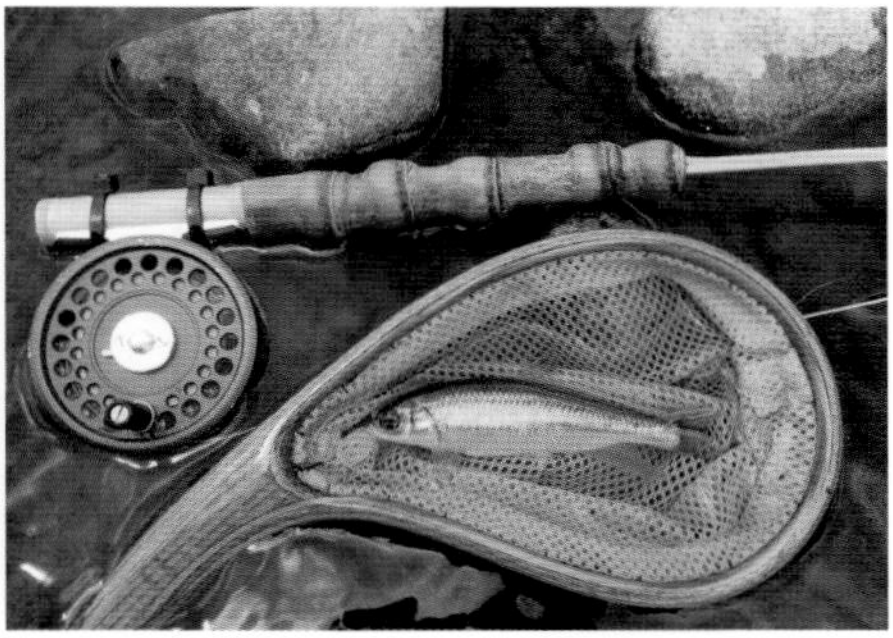

池上輝久さん作の〈ホテイチクの枝〉3本継ぎロッド。ティップ径は1.2㎜。オイカワ／カワムツ釣りは道具でも遊べる。

運ぶために、釣り糸としてびっくりするくらいの自重と腰の強さがある。その特徴を利用する。

　ロープのこっちの端を持ってグンと揺すると、うねりというか波動がロープの向こう端へグオン、という感じでムチみたいに伝わる。それがアワセになる。

　ロッドを上げるのではなくて、手首を瞬間的に左右にひねってフライラインを揺する。あるいは下方向へ押し下げる。ヘラブナ釣りでいう押しアワセのような感じだ。

　手元のフライラインに波動を与えることで、向こう端の魚の口の中にあるフライが、ほんの1㎝でも動けばフッキングする。

　メンディング・アワセとも呼んでいる。ロッドではなく、フライラインを張るようにしてアワセれば、どんなロッドでもアワセはきく。フライラインとリーダーにスラックが入っていないのが条件だ。

　逆に、アップストリームでのオイカワ／カワムツのドライフライフィッシングは、フライラインを長く出すほどに難しくなる。

釣れないライズはサイズを落とす

　ドライフライの場合、フライの水面への絡み方で、大いに反応に違いが出る。とくにゆるいトロではその差が激しい。

　その日により（一日の内でも）、水面上にぽっかり浮かんだ方がいいときと、スペントっぽいのが効くときと、水面ぶら下がりが絶大に効くときがある。『水生昆虫アルバム』で提唱されたBFコードの考え方は、たいへん有効だ。

　オイカワは、出る時にはあっけなく出るが、いったん外すとつれない態度でプイとそっぽを向く。ライズへ2～3回、3秒ルールでキャストしてみて、反応しないようならフライを替えた方がいい。

　その点、カワムツの場合はオイカワよりも性格がいい（ぬるい）。アシ際のたるっとした流れへ、ボディが太っちょ系のフライをポトッと落としてやれば、クール・ビューティなオイカワに傷つけられた心を癒してくれるだろう。

　オイカワもカワムツも、なんといっても夕方がプライムタイムだ。暗くなるまでの限られた時間での勝負になるため、釣れない釣り人は往々にして追いつめられて思考回路をショートさせる。

　厄介なのが、薄暗くなってからのトロやプール、浅くてゆるいヒラキなどで起こる、雨のようなライズである。オイカワがそこにたくさんいて食事していることは事実なのに、自分のフライに出てくれる魚は1匹もいないことがしばしばある。

　そんなときは、フライサイズを小さくしてみる。辺りは刻一刻と暗くなって、小さなフライを結び直すのはめんどくさいが、がんばる。＃18だったら＃22にする。＃20だったら＃24にする。結んでいるフライをハサミで刈り込むだけでもいい。劇的に魚の反応が変わることがある。

　全長12㎝のオイカワにとって、＃20と＃24のフライの違いは、スイカとサクランボくらいの差があるのだろう。皆さんが、サクランボは美味しいね、と言っているところへスイカを投げ込んで、さあ食え、とねじ込む方が横暴である。

　この川じゃ俺がルールブックだ、といばっている釣り人は、たいてい敗北する。謙虚な気持ちでフライサイズを落とそう。もしくは、すごすご場所を移動しよう。

新発想、スイングの釣り

「流しバリ」と呼ばれる和式オイカワ／カワムツの毛鉤釣りがある。⇩86頁

瀬へクロスするように毛鉤仕掛けを投げ、手と竿を一直線にしてドラグをかけた状態で、流れを横切らせるように引いてくる。その途中か流し終わりに、向こうアワセでゴゴンと勝手に魚がかかる。

ややこしいことは抜きにして、この「流しバリ」をフライタックルでやると、オイカワもカワムツも簡単に釣れる。初心者やファミリーで遊んで釣るには最高だ。

ふくらはぎより浅い水深の瀬で（トロ場はよくない）、ソフトハックルでも結んで、キャストしてフライまで一直線にしてそのまま流して引いてくるだけでいい。最後は下流に向いて、クイッ、クイッと細かくリトリーブしてくる。あんま釣りの要領だ。

初夏から初秋までの魚が瀬に出ている季節、とくに夕方なら鉄板だ。こんなにお気楽な釣りはない。簡単すぎるのが難点。と、思っていた。

あるときから流しバリの釣りを、「スイングの釣り」と認識したことで、ほんとに楽しさが1万倍になった。

〝2番ラインが全体に乗って、なおかつティップは繊細なイメージ〟でトライアルした永谷ロッド。真竹製の四角ロッド。5フィート10インチ。

生まれて初めてフライロッドを握ったその日にオイカワを釣って笑顔。初心者からベテランまでそれぞれのペースで楽しめるのがオイカワ釣り。

要は、アトランティック・サーモン（釣ったことないけど）や、スティールヘッド（釣ったことないけど）のスイングの釣りと、まったく同じ理屈と遊び方を、オイカワのスイングのフライフィッシングで楽しめることが分かった。

違うのはタックルと魚のサイズだけだ。

流れをコントロールする快感

ヤマメやイワナは基本的には居食いする魚だ。めったに水面で追い食いしないし、したとしてもフッキングしづらい。

オイカワはスイングしているフライを追いかけて食う。しかもがっちり食う。

繁殖期のオスは縄張りを持っていて、けんか上等でイライラと地回りをしている。視界に侵入してきたフライへ「邪魔だ！」とばかりに、猛然とアタックしてくる。

6月から8月の繁殖期、オイカワの成熟オスと抱卵中のメスは、顕著に摂餌量が落ちる（水口1970）。川へ遡上してきたサーモンやスティールヘッド、サクラマスに近い状態と考えていいかもしれない。

「流しバリ」と「スイング」との違いを

一言で言えば、ラインの流し方、張り具合にある。単純に一直線にしてドラグをかけて流すのでは、ハネられる率も高くなる。

手元にブルブルッときて軽くなるのは逃げアタリで、人間がフライの流れ方をコントロールした結果とは言えない。

魚がくわえやすい速度とタナを維持しつつ、魚がいるであろうポイントへフライを流し込む。フライが流れている水深は、水面からせいぜい2cm以内だろう。

流速が適当なら流れのまま流す。盛期であれば流速毎秒30〜40cmが目安だ。それより弱かったり強かったりすれば、ドラグのかけ具合やハンドリトリーブで、意図的にスイングのスピードをコントロールする。

水面下にあるフライは視認できないし、視認しなくていい。フライラインの張りや、リーダー周辺のざわめき、フライがあるだろう周辺の水面に浮かぶライズリングで、ライン合わせをする。

繰り返しになるが、ドライフライでも、スイングの釣りでも、フライそのものが見えなくて釣りに支障はない。探し物は探そうと思うとかえって見つからない。

ただし、キャストした後、どこにフライがあるか分からないようでは話にならない。一定のキャスティング技術と、使いやすいリーダーシステムは必須である。

オイカワは水面の虎である

ある日、近藤雅之さんと話していて、近藤さんもオイカワ好きだと判明した。オイカワの水面のフライへのアグレッシブさは別格だからという。

やる気のあるオイカワの水面のフライへの執着には目をみはるものがある。

水面をスイングしているフライをガッ、ガッと追いかけて、何回もアタックしてくることは多い。ブラックバスやジャイアント・トレバリー、マーリンのトップの釣りを彷彿とさせる（どんどん話が大きくなってきました）。

オイカワはそもそも水面のものを食べやすい頭の構造をしている。

オイカワの遊泳力はあまり高くないと一般に言われるが、流れの中での身のこなしを観察すると、身体のサイズから考えれば、自由自在にナイフのように水中を切り裂いて泳いでいる。盛期のオイカワのオスはファイトも異次元だ。

オイカワは大きくなっても全長20cmがいいところだが、あの性格のまま、もしオイカワが1mあると想像してみよう。

巨大な尻ビレを震わせて、水面を走るフライを狂ったように我先に追いかけてくる、追星浮かせたオイカワ番長軍団。

まさに虎の穴からの刺客そのものだ。

それがすぐそこの川にたくさんいる。

短くて柔らかくて繊細な竿がいい

新しいロッドを導入した。ラミグラス3番のバットを3インチ詰め、小さなグリップを装着し直した6フィート3インチ。ラインは1番をのせた。軽すぎるが、魚をかけるまでも魚がかかってからも、ラインが軽いほうが釣りは面白い。

ブランクを勝手にカットしたのでテーパーが分断され、ミドルから先が震える。その分グリップをねじると、慣性でラインとリーダーの先まで揺れが伝わって、ライン合わせがきく。

キャスト距離は3〜4ヤードから、7〜8ヤード。その先にティペットまで入れて全長6フィートのショートリーダー。

ブランク全体が極端に柔らかい竿が好みだ。でも腰には張り、ティップには繊細さが残っていてほしい。釣り人はいつでも無茶を言う。

盛期ならオイカワは足元にもいる。遠くへ投げてかけるのもいいが、流れが見た目以上に複雑なオイカワの川でドラグを意図的にコントロールするには、投げすぎてもつまらない。トリックキャストを駆使して、ラインの落とし方やメンディングの工夫に余地を残したほうが、大人のフライフィッシングっぽいかなと最近思う。

短くて柔らかい竿は、魚がかかると「釣った！」感を味わえる。本流筋なら長めの竿が有利だが、8フィートまではいらない。

沈める釣りはタナが九割

今季の初オイカワは3月26日だった。渕尻の緩流帯の鏡に魚がたまっていた。川底が小砂利でカケアガリになっている。流速は毎秒10cm。ライズはない。#22ピューパをリーダーグリースでぺちょぺちょにして、水面へそっと落としたら食ってきた。

4月16日、増水で下流から群れが来た。同じポイントでも水面に置くフライラインの角度と形状を変えれば、アタリが続く。

5月4日、魚が大移動した。昨日まで三日間連続で入れ食いだった瀬で反応がない。細軸、太軸、ハックルあり、なし、ドラグ、フライパターン、ドリフトを色々と変えて探ってみたが、いない魚は釣れません（中馬達雄さん名言）。

上流の浅いプールへ移動して、#18のソフトハックルをドライフライとして使ったら入れ食いになった。川と魚の状況が毎日違うことには、毎日川へ立って初めて気づく。いったん気づいてしまうと、さらに毎日川へ立ちたくなる。

6月28日、一昨日は強い瀬尻でシーズン初の番長が釣れた。一気にオスが増え、ストレッチボディ式アイカザイム#20にヘッド&テールで飛び出してくる。

夕方プールでライズの雨に遭遇、よせばいいのについ手を出した。最終的には#28のイマージャーまで落として、やっと釣った。こんな神経質な釣りはいやだ。楽しい。

7月2日、番長狙いの最盛期。流れの芯から良型のオイカワが#16のフライを追う。ふつうに渓流釣りのノリだ。

今日はスイングの釣りで、フライを選ばれた。フライの形状とフックの重さによる、水流への引っ掛かりの微妙な違い、ほんの数mm程度のタナの差が、食いの差に表れるのだろう。〝沈める釣りはタナが九割〟ということわざをわたしは作った。

フライは魚に食ってもらうためのものだから、人間の目からどう見えるかではなく、魚からどう見られるかが大切だ。渓流のヤマメ釣りでも、同じ発想のアプローチはよく効くはずだ。オイカワを釣っていたら、いつのまにか釣りが上手になっていたなんてこともあるだろう。

釣りに行くごとに新しい発見がある。

ふと気づくと西の空がまっ赤に染まっている。明日も川に立っている。

止水のライズでは半端なフライにはまず出てくれない。少しでも水が動いていれば全然違うのだが。

オイカワ／カワムツに合うフライフック

●フライフィッシングの対象魚では、オイカワは〈小さい魚〉の代表格だ。サーモン、カジキ、スズキに比べればたしかに小さい。

●しかしオイカワの口は、体との比率で言えば小さいとは言えない。オイカワ釣りが「ミッジの釣り」であるのは、彼らが食べている水生昆虫が小さいからだ。口が小さいからではないことを、オイカワ釣り師は認識するべきだ。

●オイカワのアベレージ体長が12㎝だとして、フライフックは＃20以下でないとハリがかりしない、ということはない。先入観をはらってオイカワの口を観察しよう。「オイカワの口、意外とでかい」と感じるはずだ。

●オイカワの口は受け口で、水面上のエサを吸い込みやすい構造をしている。カワムツの口はヒキガエルのような横開きのがま口で、オイカワより明らかに大きい。

●6月以降に瀬の真ん中で番長を張っている威勢のいいオスのオイカワは、＃18のフライを軽く呑む。TMC 100くらいのシャンク長があればアイ近くを持ってクイッと外しやすい。＃18は＃22のフックよりもバレにくいし、外しやすい。

●増水がおさまった後の真夏の炎天下に、中流域としてはけっこうな激流の中へ、＃16のエルクヘアカディスを投じてみよう。瀬の切れ目や瀬尻のちょっとしたポケットから、大型のオイカワがドッカーンとアタックしてくるだろう。「おらおらおら！」的な行動に近い。

●番長なオイカワはでかいフライを追う。だからハリを外すときに魚を傷める可能性が低い、大型で細軸のハリを選ぶ。そして必ずバーブレス。オイカワの口は弱い。かわいいオイカワを傷つけると釣り師をやめたくなるくらいのすごいダークな気分になる。

●晩秋から初冬のイブニング、流れのないトロやプールで、体長2～3㎝の当歳魚のオイカワが、フライサイズでいえば＃32どころじゃない＃40とかそれ以下の超極小の虫へ集団でライズしていることがある。

●あれをどうしても釣れなくて、井上逸郎さんに相談した。すると、「あ、あれね。あれはね、釣れない。」とあっさり。とっくにやりきった男の爽やかな笑顔がそこにあった。

●釣れない理由は、フライサイズをマッチさせられない、虫が多すぎる、どうしてもドラグがかかる、魚の体重が軽くてフッキングしない、といったところ。

●釣れたとしても2㎝では、ちりめんじゃこみたいなものだ。（堀内）

12 cmのオイカワ。フックの先端が口の上側に引っかかった状態が理想ですぐに外れる。魚に触れる前は必ず手を濡らしましょう。

カワムツの口を正面から見たところ。オイカワより横開きの形状で、ガボッと大きい。大型のカワムツはルアー釣りの対象魚にもなるほど。

ハリ外しを使うと魚へ触れずスムーズにリリースできる。ぜひ試してほしい。フライはオポッサムダビングのエルクヘアカディス＃22。ハックルなし。

奥はヤマメ釣りの定番 TMC112Y ＃17。手前2本は TMC100BL ＃20。デミサイズに巻いてある。バーブレスの小さいフックをもっと出してほしい。

クリッパー、ティペット、小さなフライケースひとつをポケットへ放り込んで釣りへ行こう。玄関へ一式置いておけばいつでも出かけられる。

＃18～22 メインで TMC2487BL、TMC2488（上）、TMC206BL、バリバス 2200BL、がまかつ C12-BM Large Eye（アイが大きい！）をよく使う。

ハリがかりを考察する

●古田充夫氏（P.32）の地元では冬のある時期オイカワの約８割が下アゴにフッキングするという。ハリがかりの状態が写っている2018年からの写真で当地での例を検証した。
●季節は不問でオイカワ112匹中、上アゴ58匹（52%）、下アゴ20匹（18%）、横（かんぬき）が34匹（30%）だった。カワムツは11匹中、上アゴが4匹、下アゴが5匹、横へのフッキングが2匹だった。
●ハリがかりの状態は、魚の活性、魚のサイズ、フライのフックサイズ、フライパターン、季節、釣り方、ポイントの流速、水深、アワセなどの要素で変わるだろうと予測できる。
●古田氏の釣りはダウンストリームでの水面がらみが多いようだ。水深は深く、流速ほぼゼロも多そう。当地では多くがダウンからクロスのスイング。瀬とトロ瀬が中心で流速は10～50㎝／秒。完全なドライフライよりソフトハックル系を好んで使う。フライを水面上にぽっかり浮かばせることはほぼない。
●夏のやる気のある番長は、グワーッと追って反転して食うため横がかり率が多い気がする。低活性の春や晩秋は、逆に下アゴ率が高い気がする。要追加研究。かんぬきにかかればまず外れない。オイカワ / カワムツ釣りではもちろんバーブレスフックを使う。（堀内）

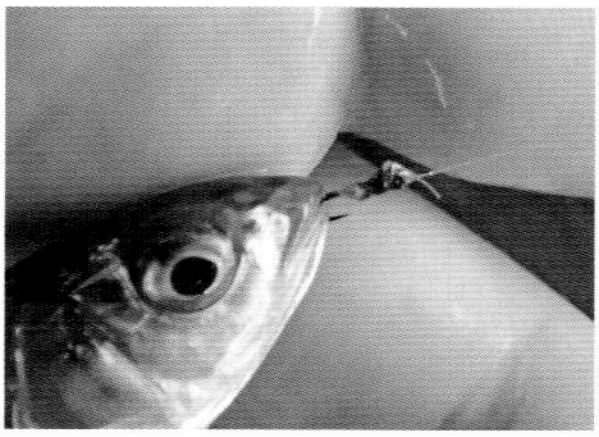
オイカワ：下

オイカワ：下

オイカワ：下

カワムツ：上

カワムツ：上

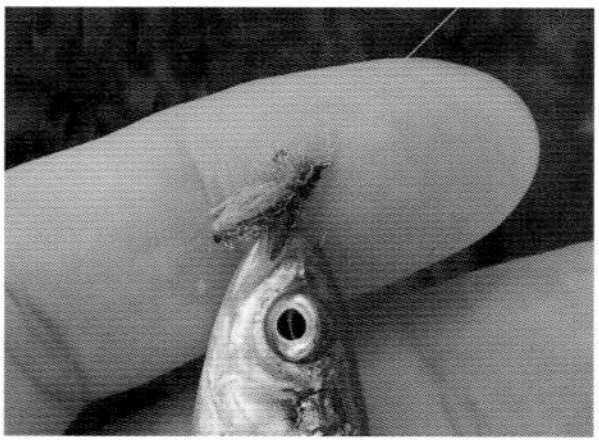
カワムツ：上

カワムツ：下

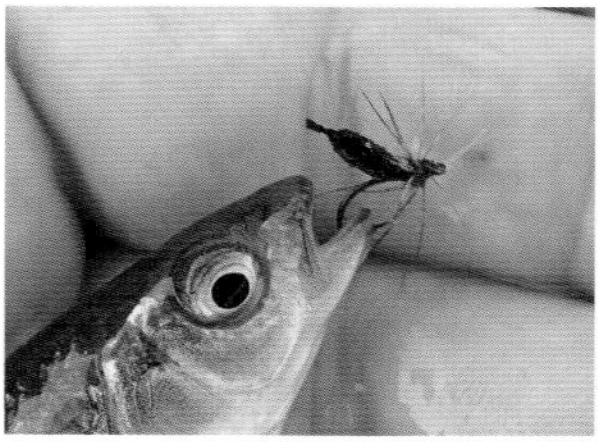
カワムツ：下

カワムツ：横

オイカワ：上

オイカワ：上

オイカワ：上

オイカワ：上

オイカワ：上

オイカワ：上

オイカワ：上

オイカワ：上

オイカワ：横

オイカワ：横

オイカワ：横

オイカワ：横

オイカワ：横

オイカワ：下

オイカワ：下

対談　遠藤早都治さん×佐古啓樹さん

オイカワを釣ると、僕らは笑顔になる　ちっちゃい、きれい、むずかしい!

●渓流、湖、海とフライフィッシングのステージは幅広い。オイカワにはオイカワの魅力がある。梅雨の盛りの多摩川登戸付近で朝からオイカワを釣りまくったあと、オイカワ好きの二人が語り合った。ニコニコが止まらない。

群れに当たれば100万匹

― 今日は手前の岸際、草に水が被って流れがゆるくなったところに魚がたまっていました。よく釣れましたねえ。

佐古　朝9時からの釣りで、雨が降っていたから釣れ続けました。

― ずっと釣っていたら、ずっと釣れ続けていたでしょうね。

遠藤　オイカワはヤマメやイワナのように単独でいることはなくて、集団で移動する。群れがいないと、全く魚がいない。でもいったん群れにあたると、100万匹いるんじゃないかという状態になります。今日のポイントのオイカワは、6月の梅雨時になると急に釣れ出します。12月いっぱいは楽しめます。

― 冬から春にかけて大移動しますね。たくさん釣れたのが、突然ぱたりといなくなる。

佐古　冬は群れがぎゅっとかたまる。同じ季節の同じ場所でも、いる時とまったくいない時がある。不思議な魚です。でもそこにいれば、たいていフライに反応してくれます。

― 群れをどう見つけるかが重要ですね。

遠藤　最初は竿を持たないで川を散歩するのがいいと思います。いい季節の夕方ならオイカワがいれば必ず水面でライズします。「あ、いた」と見つけられれば、しめたものです。ポイント場所を覚えておいて次に竿を出す。ポイントさえ分かれば、こんなに手軽で身近な魚と釣りはありません。流れの中でキラキラしているのを見つける時もありますが、ライズの方が分かりやすい。朝か夕方が狙いです。

佐古　本流で真冬にオイカワのライズを見つけるのは大変かもしれませんね。水温の高い支流の方が水面で見つけやすい。

よく釣れる流しバリ

― 遠藤さんはミッジピューパで流れを横切らせていました。入れ掛かりでした。

遠藤　遠くのライズをドラグフリーでまじめに狙うとなるとオイカワはかなり難しい釣り

遠藤早都治さん（左）と佐古啓樹さん（右）。ヤマメ・イワナ、ニジマス、湖・海の魚、そしてオイカワと、フライフィッシングを存分に楽しんでいる二人。「オイカワ釣りは楽しいですねえ、何でこんなに楽しいんでしょう」（遠藤さん）
⇨　淡く色づいたオスが釣れた。ネットは特製品。魚も網も小さい。
⇦　佐古さんが釣った魚を遠藤さんが小さいネットですくった。すくった後にハリスを持って魚をぶら下げているところ。ネットの意味ないじゃん。二人ともニコニコ。

です。でも流しバリの釣りなら、何もむずかしいことはないです。僕はフライを2本つけた流しバリの釣りが多いです。手元にアタリがあったら、送り込むようにしてアワセます。魚が大きければ、岸側へロッドを倒すようにしてアワセます。完全なダウンストリームでは、ロッドティップが上がっているとラインがたるんでしまうので、竿先は水中に入れます。

僕の場合は勝負を早くしたいので、ラインをかるく小刻みにリトリーブしています。目安としては、魚の体長の4分の1か3分の1です。オイカワが12cmなら、3cmか4cmを小刻みにリトリーブします。

佐古　そんなに細かいことまで考えているとは思わなかった（笑）。

遠藤　魚が小さいからリトリーブが大きいと追いきれないかと思っています。川でのニジマス狙いだったら、体長が40cmだとして、リトリーブは10cmか15cmくらいです。

佐古　僕はカンだけです。完全なダウンの状態で、その場でフライを止めて動かしたりします。竿先を上下にプルプルしたり。

—　竿先を左右にごく小さくメンディングするように動かしませんか。

佐古　します。メンディングした瞬間にフッキングすると気持ちいい。今日は流れが強かったのでフライを流れにとどめて、小さく動かしていました。

—　一投一投で微妙に流し方と釣り方を変えていましたよね。

遠藤　今日の佐古さんは明らかに僕よりたくさん釣っていました。

—　リーダーシステムを教えてください。

佐古　9フィートの6Xの両端を詰めて7Xを足しました。手元にあるもので何とかなっちゃうのがオイカワ釣りのいいところです。

遠藤　僕は10フィート・7Xのリーダーの先に、8Xと10Xを、8の字結びをもう一回多くしたノットで結びました。サージャンスノットは細い糸だと切れちゃう。ティペットのひげを残した7Xにドロッパーフライを結びました。

—　けっこうマジ仕掛けですね。

遠藤　ぜったいに捕獲したかったので。

フライパターンとフックサイズ

—　佐古さんはソフトハックルですか。

佐古　増水していたし、魚がいるかいないか分からなかったから、とりあえずフライを目立たせようと思いました。ハックルをオーバー

⇨　佐古さんのホネホネ・ソフトハックル。速い流れでは長めで強めのハックルが効きそう。「グリズリーのサドルを適当に巻いただけです。フライパターンはシンプルなもので大丈夫です」（佐古さん）

サイズに巻いたソフトハックルです。

―　ヘンハックルですか？

佐古　いや、机に落っこちていた適当なサドルハックルです。ほんと適当で。

遠藤　グリズリーでしたね。長くて強くて刺さりそうなやつ（笑）。

―　破れ傘かキジの剣羽根みたいでした。流れが強かったから、ヘンハックルだったらぺったんこになってしまったかもしれない。

佐古　僕もまじめにやるときは、パートリッジのハックルを使うんですよ。

遠藤　ほんとですか？

佐古　普通にサドルで釣れますけどね。（笑）

―　遠藤さんはユスリカ・ピューパでした。

遠藤　ボディはフラッシャブー、UVアイスダブのソラックスです。ハックルを巻くこともあります。ヴィーヴァス・アイリススレッドは巻くだけでボディになる。ハックル巻いてウィップ・フィニッシュすればOKです。ダウンクロスで横切らせます。ユスリカのピューパは絶対そんな動きをしないと思いますけどね。

―　キラキラ系統はスレませんか。

遠藤　スレます。赤キラキラ、金キラキラ、黒キラキラの3系統を使っています。3系統から色味の違うフライを選んで2本つけます。

佐古　すごいなあ（笑）。

―　赤キラキラ、金キラキラ、黒キラキラで、差はありますか。

遠藤　あんまり関係ないみたいです。

佐古　ははは。

遠藤　今日は増水していたし雨だったから「ぜったい黒だ」と決め撃ちでした。

―　フックサイズは。

遠藤　アキスコの#24です。アキスコのフックは安価だしアイが大きいので使いやすい。#24で#16くらいのアイのサイズです。

佐古　僕はできれば、ものすごく小さい魚も釣りたい。3㎝くらいのをぜひ釣りたい。色々使いましたが、メインは大好きなTMC206BLです。ショートでカーブシャンク。#22が中心です。フロータントはかけません。

―　渓流釣りに慣れている人は、ミッジ・パラシュートを使いたがります。ミッジ・パラシュートをナチュラルで流してオイカワを釣るのは、とてもむずかしいと思いませんか。

佐古　出るけど乗らないですよね。テールをつけると弾かれます。

オイカワに合うフライロッド素材と番手

⇨ 多摩川は増水中。ドライフライよりもウエットフライの釣りがやりやすく、楽しかった。流れの脇、草が水をかぶったゆるい流れで入れ食いになった。流れの向こうにフライをキャストして、横切らせながらアタリをとる、ダウンクロスの釣り。向こうアワセのこともしばしば。水深は深いところで40～50㎝程度。

―　オイカワのアワセはラインを張ってラインの重みで魚を乗せます。ロッドのアクションが重要になってきます。

佐古　やわらかければいいわけじゃない。今日使ったグラスロッドは、ティップがとても繊細なので魚が食い込んでくれました。むしろアワセようとしても、バットが先に曲がってティップが残ってしまう。感度のいい竿はオートマチックにアタリもとれるし、アワセもききます。ぐにゃぐにゃのグラスロッドを使って、アップストリームでドライフライの釣りをするのは、かなり厳しいでしょう。

遠藤　理想のオイカワ竿は、ある程度気持ちよく飛ばせて、シャープな印象があって、おさまりがいい竿でしょうか。しかも魚がかかるとよく曲がる。って、どんな竿だろう（笑）。

佐古　オイカワ釣りのロッド番手は#0から#3、#4だったら何でもいいと思うんです。それぞれにとって振りやすい竿であればいい。短い竿だったらグラス素材がいいかな。短いグラファイトはラインが抜けるのが嫌だから、番手を上げて重くしたい。好みの問題です。

遠藤　小さい魚がかかったときは、竿もラインも軽い方が、ダイレクト感があります。のべ竿の感覚をフライタックルで味わいたいとなると、番手は軽くしたい。でもオイカワだからと、必ずしも繊細にしなくちゃいけないわけではないです。#5でも楽しく釣れます。ただ#5のあとで#3を使うと、#3の方がもっと楽しい、と思うんじゃないでしょうか。

佐古　初心者には#0、1、2のラインは自分で竿を曲げてラインを扱っている感覚が分からないかもしれません。

遠藤　やっぱりフライフィッシングなので気持ちよく投げて釣りたい。

みんなニコニコのオイカワ釣り

―　釣りは童心に帰ります。子供の頃にオイカワを釣って遊んだ方は多いでしょう。

遠藤　フライフィッシングを始めたばかりの方をオイカワ釣りに連れて行くと、まず釣れます。そしてみんなニコニコしちゃいます。きれいなオスが釣れるとなんともいえない、幸せな感じになります。アイスの〝あたり〟が出た時みたい。夏から秋に婚姻色の出たオスがかかると、遠くで体側のオレンジの色がパシャッと水面で跳ねますよね。「来た、あたりだ！」と興奮します。きれいな尻ビレが見える。あれがたまらない。水深が浅いとよけいに見えて楽しいです。

⇨ ソフトハックルフライを２本結んでいると、一度に2尾かかる一荷釣りもひんぱんにある。とてもうれしい。

⇨ 数がたくさんいるオイカワ釣りだから、新しい釣り方、新しい釣り道具、新しいフライパターンと、色々と試せるのが楽しい。グラスロッド、バンブーロッド、最新鋭グラファイトと10本以上を持ち込んで、とっかえひっかえ遊んだ。どんな竿で釣ってもそれなりに楽しい。

佐古　熊本の友人のところに遊びに行った時、どうしても婚姻色の出たオスを釣ってほしい、と言われました。最後にぎりぎり色が出ているかなという微妙なオスを釣ったら、「もう一回来てね」と言われました。だからもう一回行かないといけません（笑）。わざわざ熊本まで行ってオイカワとカワムツを釣ったんですが、ものすごく楽しかったですね。

―　オイカワ／カワムツは人間の暮らしのすぐそばにいます。身近すぎてフライの対象魚として注目されていなかったかもしれません。

遠藤　以前はマス類の管理釣り場が多くありませんでした。オフシーズンだから仕方なくオイカワでも釣ろうか、という感じでした。でもオイカワ釣りは、すべての意味において深いですよ。

佐古　やる人が多くなれば、この季節で、こんな釣り方でもオイカワが釣れるんだ、という新しい発見と情報が蓄積されていきます。するともっと奥深くなっていきます。

遠藤　話していたら釣りしたくなってきた。僕は川に戻ってもう少し釣ってきます。

―　雨強くなってきたみたいですけど。

佐古　好きですねえ（笑）。

Yanase River JAPAN

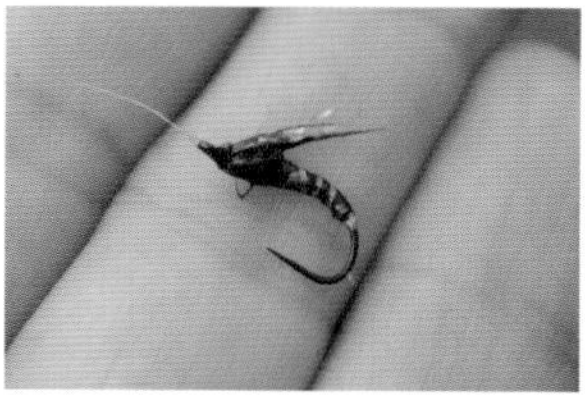

（上）ダウンストリームで魚をかけると、ロッドがバットから曲がる。「ひいい、のされるぅ」とうれしい悲鳴がこだまする。仲間の間ではブルーヘロンロッドが人気。夕方になると二人で並んでバンバン釣れ始めた。
（右）流れの押しが強いためビーズヘッドフライを選択。サイズはなんと＃ 14 だが巨大オスならかかる！
（左）大人が心の底から笑っている顔。

国際交流

オイカワがつなぐ釣り人の輪 柳瀬川と台湾のオイカワ釣り

フライフィッシングでのオイカワ／カワムツ釣りには、他人と競争する要素があまりない。だからひとりで釣るのも楽しいけれど、気の合う仲間といっしょに釣るとなお楽しい。

ちょっとした空き時間にそこらへんの川へ仲間が集まって、並んでロッドを振っても釣りになるのが、オイカワ／カワムツのフライフィッシングだ。

とにかく魚の数はたくさんいるし、釣り場は広い。それでいて釣りは奥深い。地域と季節により、魚の個性のバリエーションが豊かなのも魅力だ。

埼玉県・東京都を流れる柳瀬川（荒川水系）は、近郊の釣り人に人気だ。水温が安定しているため釣りを周年楽しめるのが大きな魅力だ。

東京都の柴草高一さんも柳瀬川をホームグラウンドとしている一人だ。パックロッドをバイクに積んで、周辺の川を探索するのにも余念がない。

Taiwan

「ＥＺＦＦ」では台日のみならず各国の釣り人が活発に意見を出し合っている。台湾のフライ人口のジャンル別割合は海フライが多いが、近年は市街地の身近な川でオイカワ、ハスのフライフィッシングを楽しむ人が増えている。
上の写真は台湾南端の屏東県の渓流で釣れる通称「黄金オイカワ」。左は台北市内を流れる川でのオイカワ釣り。
写真提供：潘 韋宏、張 書文（ＥＺＦＦ共同管理人）

70頁は6月中旬、柳瀬川での釣りの写真だ。柳瀬川がホームの皆さんが集まっただけあって、川の特徴にマッチしたフライパターン、釣り方を開発・実践しているのが興味深かった。

日暮れ前に入った「とっておきのポイント」では大型のオイカワがまさに入れ食いになって竿を絞った。

柴草さんは、インターネットを通じて知り合った台湾のフライフィッシャー張書文さんと、オイカワ釣りの愉しさを国際的に広めるべく、EZFF（Easy Zacco Fly Fishing）というフェイスブック上のグループを設立した。日本、台湾をはじめ、各国のフライフィッシャーと情報交換を行なっている。

台湾には日本のオイカワとは異なる形態の〈台湾オイカワ〉がいると聞けば、釣りたくなるのが釣り人心理だ。

出張にあわせて釣りに行った柴草さんを、台湾の釣り仲間と台湾オイカワは大歓迎してくれた。

小さなオイカワが海を越えて釣り人をつないでいく。

フラットのお尻を釣る井上さん。大型カワムツのつくポイント。水遊びの少女らと絶妙なソーシャル・ディスタンスを保っている。これ以上はけっして近づかないのがお約束。

俺たちの川
身近な釣り場を新発見

釣り仲間どうしで釣り場の話をする際は、ポイントを示す符丁が飛び交う。

〝ヤマメ石〟に尺物が2匹ついていたよ、と聞けば、現場の景色が目の前にひろがり、川を渡る風の匂いがよみがえる。

川との心理的距離が常人とは異なる井上逸郎さんはポイントの符丁も、〝俺の瀬〟、〝俺の淵〟というように、きわめて私的に表現する。

〝俺の瀬〟でライズあったよ、と言われても一緒に釣りをした仲間と本人以外はわからない。

最近はさらにピンポイントで説明したくなってきたらしく、〝俺の渦〟、〝俺のヨレ〟とまで言うようになった。少し心配だ。

ここ数年、井上さんは編集部近くの中流域へ、よくフライフィッシングにやって来る。もちろん狙いはオイカワとカワムツだ。

週に5日は井上さんかわたしのどちらかが、あるいは二人で釣りをしている。ヤマメでもマグロでもオイカワでも、フライフィッシングは面白い。

学校前のトロ、橋の下のフラット、ナマズポイントの下のざらっとしたとこ、番長の瀬、マンション前のポール脇、フラットのお尻の向こう側――。

季節が進むごとに、ポイントの名前が増え、通えば通うほど、毎日新しい発見があり、川は〝俺たちの川〟になった。

（堀内）

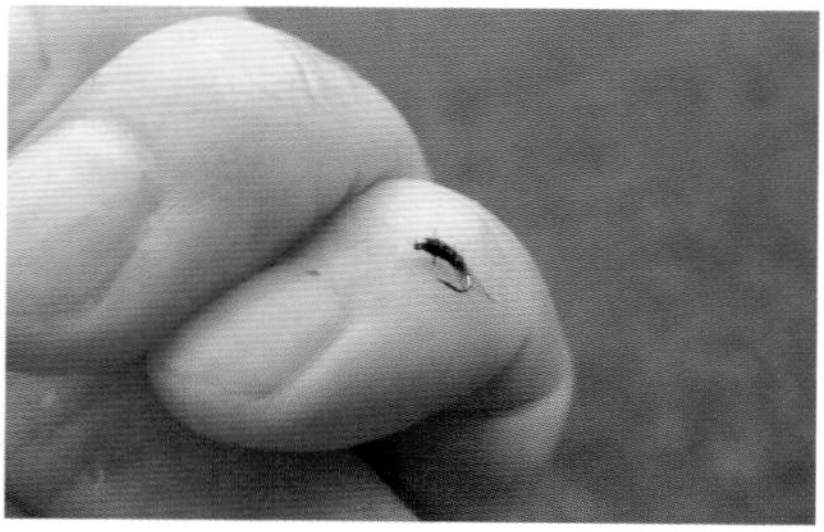

がまかつ C12-BM 28番。ラージアイはいい。（⇨ P.57） 前年の台風の影響か、2020年は最盛期でも28番以下への反応がよかった。

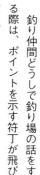

「この穴の一個一個にドライフライを落としてみて」。井上さんにすすめられた。すぐにフライが引っかかるので難しくて面白い。着水と同時か1秒以内で出せないと釣れない。魚がいる穴といない穴がある。

上の写真と同じ場所が台風一発でこんな有様に。晴れていても上流に雨が降ると急激に増水することがある。通い慣れた川でも油断しないこと。

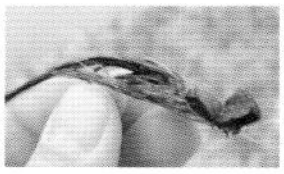

5月中旬、オイカワと同じ瀬にナマズを発見。竿を6番に持ち替えて釣った。フライはガーグラー。

真夏、密生した草むらに一か所だけ穴が開いていた。井上さんはこの穴を通って手前の分流と本流を行き来しているようだ。〝井上さんの穴〟と名付けた。

スイングでは2本バリも面白い。高活性ならドロッパーを先に食う。絡み防止で太仕掛け。エダス1.5号に28番フライでも問題なし。エダス長は7、8㎝。

島崎さんのハヤ釣りフライボックス（2019）。アントなどのマシュマロ・スタイル各種、バックファイヤーダンの改、クロスオーストリッチ、知らない何かなど…。身近なハヤ釣りだからこそ妥協がない。

対岸までかるく20ヤードある。教科書には載っていないＤループキャストをバンク際へ繰り返す。フライは見えないが、距離・方向・タイミングが何度やっても正確で自由自在だから、魚が反応すれば分かるしアワセも電光石火で決まる。秘密は自作のフライライン。〈シマザキフライズ〉で紹介されるはず。

島崎憲司郎さんのハヤ釣りと〈シマザキフライズ〉

5月の桐生川で、シマザキデザイン・インセクトラウトスタジオのアシスタント山田二郎さん（島崎憲司郎さんに激似）のハヤ釣りを見てきた。

２００８年に見せてもらった島崎さんのハヤ釣りが衝撃的で、革命だと思った。あの時は真竹製の短い羽舟竿を使ったドライフライの釣りだった。（⇩46頁）

今のメインロッドはループ社エヴォテックキャストＭ ８フィート６インチ２番。工夫を重ねたリーダーと自作のフライライン、日進月歩するシマザキフライを駆使した、本気で遊ぶハヤ釣りだ。

まるごとシマザキシステムで釣られるハヤは、たまったものじゃない。

桐生川を遊び場として育った島崎さんにとって、ハヤは子供の頃からのお友達だ。フライタイヤーとしての集大成〈シマザキフライズ〉には、長年テッテ的にやり込んできたハヤ釣りで得た、お役立ちのオリジナルのアイデアがてんこ盛りとのこと。早い完成が待たれる。

島崎さんのフライボックス（2008）。手のひらの上のワンバンチバグ（TMC112Y #15 ～ #19）はタイイングが簡単で量産できるヘアバグ。「まかない料理です」（島崎さん）。セパ・ミッジ（⇨ 46 頁）も。

2008 年の取材では TMC508 #18 に巻いた黒いミッジピューパをちょっと沈めて連続ヒットさせていた。シマケンコイル（「新装版水生昆虫アルバム」付録掲載）使用。

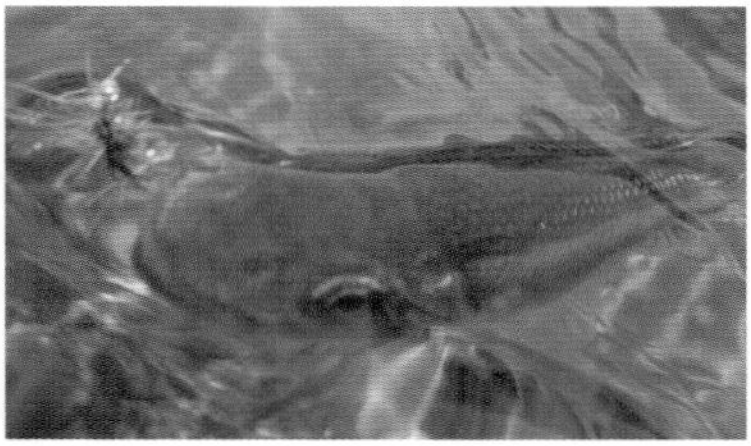

流れの中で食ってくるオイカワも楽しいがカワムツは障害物周りにタイトに着いている。一つ一つのライズを狙って釣ると、テクニカルなフライフィッシングを楽しめる。

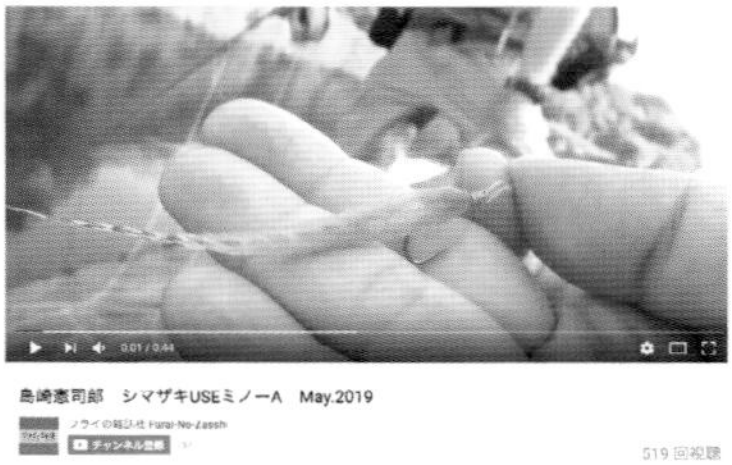

シマザキ USE ミノー A。TMC226BL ＃ 8。マテリアルはごく一般的なもの。水に入って泳ぎだしてからの生命感といったら！ スイム動画を YouTube で公開している。立会人が思わず「これはすごい」と声をもらすほど。詳細は〈シマザキフライズ〉で。

和式伝承ハヤ毛鉤の世界

タイイング・解説　**和氣博之**

①カラス
黒一色の無難なハリ。胴は牧浩之さんのカラス。

②カラス金ねじ
カラスの金ねじ。金糸のリブを「金ねじ」と呼ぶ。

③ホタル
赤をタグの前に入れる。よく釣れる。良型にも効果。

④清姫
赤と黒を交互に。大型が釣れ安定。私のベスト毛鉤。

⑤青清姫
④に青色系ハックル。よく釣れるが当たり外れがある。

⑥青胴
数が出る毛鉤。とくに梅雨時にいい。

⑦青胴金ねじ
⑥の金ねじバージョン。

⑧二葉
数が出る毛鉤。⑥と双璧をなす人気バリ。

⑨煌々（こうこう）
赤一色の毛鉤。安定して釣れる。8月のヤマメにいい。

⑩煌々金ねじ
変化をつけたい時、濁りが入った時に金ねじを使う。

⑪赤孔雀
孔雀はウグイ向きだが、これはオイカワにも効く。

⑫ひばり（こだま？）
④の次によく釣れる。黄ハックル、赤と黄を交互の胴。

⑬こだま（ひばり？）
これもよく釣れる。赤ハックル、赤と黄を交互の胴。

⑭音羽
白ハックル、黒と白を交互の銅。安定して良型。

⑮菊水
これも安定して良型が釣れるハリ。⑭の赤ハックル版。

⑯カゲロー
茶系で胴に黒のアクセント。釣れそうだが、見かけ倒し。

●地元・宇都宮地区の釣具店で、ハヤ（ウグイ／オイカワ）用として市販されている毛鉤は、5本仕掛け、7本仕掛けの完成仕掛けがほとんどだ。ハヤ毛鉤の文化が年々薄れているため、記録を残しておきたいと考えている。名前とドレッシングが分かる今の内に市販品を買い求め、自分で真似てタイイングし、釣りに使っている。

●構造はシンプルで、ボディとハックルのみ。タグとヘッドには金玉がついている。ハリは秋田袖の3号程度を使う。アイはないのでハリスを巻き込む。基本的ドレッシングは、ボディはスペイコック各色のクイルボディか、サドルハックルファイバー。ハックルはヘンネック各色。

●アユのドブ鉤もタイイングするが、カラスのウイングクイルは、ハヤでもアユでもとても反応がいいと感じている。〈金ねじ〉とは金糸のリブのこと。ヘッドの金玉はビーズで代用。タグはエポキシボンドを24金の金箔で覆っている。

●ハヤ毛鉤のなかでもとくにオイカワに効果があるハリを選び、コメントをつけて紹介してみた。同じように見えて、ハリにより釣果に大きな差が出る。結ぶ順番によってもまったく反応が変わる。

オイカワをおいしく食べる

●保存手段がない時代、内陸部で食材になる魚と言えば川魚だった。身近な川にたくさんいるハヤ類（一般にオイカワ、ウグイ、カワムツなど清流域にいる小魚の総称を指す）は代表的な食材だ。

●宇都宮伝統文化連絡協議会さんは2008年に設立された。宇都宮に受け継がれてきた伝統的料理を学ぶ「ふる里料理講座」を続けている。「川魚料理」の講座におじゃました。講師は和氣博之さん。

●食材のオイカワは和氣さんが前日の夕方に自作の毛鉤（右頁）を使って地元の鬼怒川で釣ってきたもの。でき上がったお皿へ、参加者は最初はおっかなびっくり箸を出した。一口いただくとサクッとした軽い食感と、苦みも臭みもまったくないオイカワの上品な美味しさに目をみはった。

埼玉県熊谷市のオイカワの煮付け。腹を出さず生姜をきかせる。色付きオスも丸のまま。 ⇨P.87

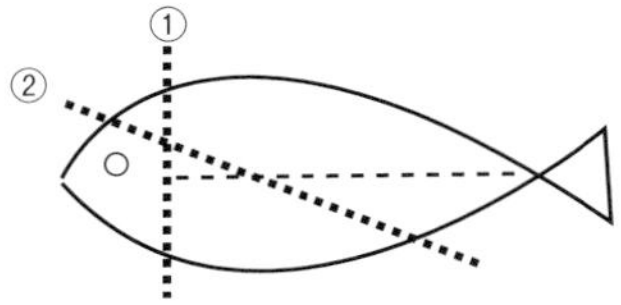

小魚のかんたんな捌き方。 ①頭をおとす。②斜めに内臓ごとカットする。「あえて丸ごとにこだわらない方が、食べやすくて臭みもないですよ」（和氣さん）

オイカワの南蛮漬け

●材料４人分

オイカワ	400g
片栗粉	適量
塩	少々
揚げ油	適量
タマネギ	小１個
ユズの皮（ないときは甘夏やレモン）	適量
輪切り唐辛子	適量

●調味液（オイカワ400gに対しての量。濃いめ）

酢	250cc
麺つゆ（市販）	100cc
砂糖	大さじ２
ユズの絞り汁	大さじ１

●作り方

① タマネギとユズの皮はなるべく薄くスライスしておく。
② 輪切り唐辛子に熱湯をかけておく。
③ 先に調味液を用意する。大きめのボウルに合わせておく。ユズの絞り汁を入れるのがコツ。
④ 下処理したオイカワは水洗いし、ざるにあげて水気を切り（切りすぎない）、多めに塩を振っておく。
⑤ オイカワに片栗粉をまぶし、170～180度の油でかりかりに揚げる。揚がったオイカワを、熱いうちにボウルの調味液に漬ける。
⑥ バットにスライスしたタマネギ、ユズの皮、唐辛子を敷き、⑤のボウルの汁ごとオイカワを並べる。オイカワを時々ひっくり返しながら冷ます。冷蔵庫で一晩冷やすとさらに美味しくなる。

参考:『ふる里の和食』柏村祐司、半田久江（著）随想舎（刊）

オイカワ

カワムツ

■オイカワ／カワムツはどこから来たか

東京海洋大学名誉教授・資源維持研究所主宰
水口憲哉

日本におけるオイカワの遺伝学的単位は、

①鈴鹿・伊吹から利根川までの東日本
②琵琶湖由来
③琵琶湖以外の西日本
④北九州の在来のオイカワ

といった形で大きくは整理できる。これは形態学的にも納得できる。

いっぽう、日本のオイカワの発生の地ともいえる中国大陸では、ヨーロッパの数名の研究者の遺伝学的研究を踏まえて、ツエンほか九名（２０１６）は、*Zacco platypus* には10の種内遺伝学的グループがある事を明らかにしている。黄河流域を調査すればその数はもっと増えるかもしれない。

そして、台湾ではマほか3名（２００６）によれば次の四つの遺伝学的グループが形態的にも区別できるという。

①台湾が大陸と陸続きであったときに分布していたものが北部に残っている。
②台湾固有の種が１０００〜６０００年前に海面上昇により南北に分断されたものが二群。
③日本の琵琶湖由来のオイカワと同じものが北部に導入されている。

オイカワとカワムツの属名について

現在日本の魚類の学名を何にするかは、魚類学会で決定する訳ではなく中坊徹次編『日本産魚類検索 全種の同定』の第三版（２０１３）によるらしい。

そこで細谷和海はオイカワをハス属（*Opsariichthys*）にし、カワムツをカワムツ属（*Candidia*）としている。しかし、ネット上の淡水魚フリークたちは、カワムツについては台湾のチェンら（２００８）に従い、*Nipponocypris*（日本のコイの意か）を用いている。

細谷はこれを認めたくないのか使っていない。中坊は基本的に新しい学名はすぐには採用しない主義のようである。西湖のクニマスは確定できずあいまいなままにさっさと断定してしまったが。さかなクン抜きで。

韓国のカワムツを確定したのは細谷らだが、それに日本のということでこの属名をつけることには異議をとなえたい。

オイカワはハス属になったからといって、ハスのように他の魚を食べる魚食魚の仲間入りをするわけでもなく雑食性のままである。

学者がどうしようと、オイカワもカワムツも雑魚であることに変わりはないので、ザコ属（*Zacco*）のままでよいじゃないか。

大正時代以前のオイカワの分布推定図　水口（1990）

オイカワ二題

水口憲哉
東京海洋大学名誉教授
資源維持研究所主宰

オイカワの呼び名をめぐる物語

オイカワのタグ・アンド・リリースという、多分空前絶後の試みをやるために夏の間毎日エサ釣りで合計数百尾釣ったのは五五年前の多摩川支流秋川でのことだった。

そこでの昔からのオイカワの呼び名はバカッパヤであった。なぜバカと呼ばれたのか、わからない。

冬鳥のジョウビタキは、人を恐れずそばに来るのでバカビタキとも呼ばれるらしい。

岩波の国語辞典の〝ばか（馬鹿）〟の五番目の解釈として「ばか貝」の略とある。けれどもウィキペディアでバカガイを見ると、日本語名のところには七つの由来についての説がある。

○貝殻が薄く壊れやすいので、「破家貝」○いつも口を開けて舌を出している「馬鹿」な者のように見える　○「バカに多く獲れる貝」の意　○「馬加（まくわり、現在の幕張）」でたくさん獲れたのでその音読み　○馬鹿がハマグリと勘違いして喜ぶ貝　○蓋を閉じずに陸に打ち上げられて鳥に食べられてしまうから　○頻繁に場所を変える「場替え貝」から来ているとする説。筆者はこれまで最後の説だと思っていた。

オイカワにはこれらの諸説があてはまらず、ジョウビタキと同じかなと考えてしまうが、そうでもないようである。

オイカワの雄は夏の繁殖期には追い星や婚姻色の二次性徴が目立つようになるが、これを秋川でアカバカと呼ぶのはよくわかる。

琵琶湖でのオイカワ（追河）もこの時期のなわばり行動に由来するとも考えられるが、雄の二次性徴や産卵行動に関する呼び名は各地に多い。

ハナクサリ、ヨロイムシャ、ショウゾク、ヨメゴ、ミシマジョロウ、イカリヤマベ、オニヤマベ、セリバヤ、セバエ等々。昔調べてみたら一五二あった。オイカワの分布域の拡大や自然分布域での呼び名の変化などについては面白いこともたくさんあるが、それは『フライの雑誌』の連載〈水辺のアルバム〉でそのうち紹介したい。

最近知ったオイカワの優雅でかっこよい呼び名を最後に紹介する。

オイカワの呼び名をめぐる物語の極め付きは一九〇〇年作成の鉄道唱歌に登場してくる。〝汽笛一聲新橋を〟で始まる五三番目に、〝扇おしろい京都紅また加茂川の鷺しらず　みやげを提げていざ立たん　あとに名残は残れども〟（作者大和田建樹　多梅稚　上真行）とある。

この〝加茂川の鷺しらず〟について、京都府のHPに資料三として、「鷺知らず」に関する活用実証調査報告書というのが、調査受託者：加茂川漁業協同組合平成二六年二月二八日によって六ページにわたって掲載されている。

その冒頭、〈1「鷺知らず」とは〉において、〝鴨川産の小魚のことで、鷺でさえも見逃すくらい小さいこと、冬に身を寄せ合って群れる姿が鷺にとって大きな魚に見えることなどから、そのように名付けられたと言われる。この小魚の種類は、京都の街を流れる鴨川の中下流域に多く生息するオイカワ（地方名：関西ではハエ、ハエジャコ）であり、全長三〜四㎝の稚魚のことである。〟とあるが、わかるようなわからないような理由である。

雑魚としてのオイカワ

雑魚、ざこという言葉があるがこれはどんな魚のことを言っているのだろうか。

実は学名にざこという名前がついている淡水魚のなかまがいた。過去形になっているのは、オイカワとカワムツというそれらの魚は現在でも日本中に普通にいるのだが、最近それらの魚の属名*Zacco*が、他の名に変えられてしまったので日本にこの属名をもつ淡水魚はいなくなってしまった。

前世紀の初めアメリカの魚類研究者が採集した淡水魚の名前を近くにいた子供に訊ねたら、ざこと答えたので属名を*Zacco*とすることにしたという。だから雑魚が学名となってしまった、まさに正真正銘の雑魚といえる。

しかし、ごく最近、台湾の研究者達によってこのオイカワ属ともいえる*Zacco*

からカワムツ二種がカワムツ属とも言うべきなのか *Nipponocypris* という新属に入れられた。そしてオイカワはハス属ともいえる *Opsariichthys* に入れられた。そのように考える人たちは、日本に *Zacco* はいないことにしてしまった。しかし、いまだもってオイカワの学名として *Zacco platypus* を使う人もいる。

これでもややこしいのに、中国大陸の広大な揚子江流域にはこの *Zacco platypus* が六つ位の多様な遺伝的グループとして広く分布しており、この多様性に関する欧米および中国の研究者による多くの研究報告がこの二〇年近く出されている。祖先の地でのオイカワに関するこのような研究が進めば、日本のオイカワにまた *Zacco* の属名を使うことになるかもしれない。というのは中国や台湾にいる *Opsariichthys* 属の魚はハスを除いて口が小さくオイカワそっくりだからである。

なお、朝鮮半島と日本にしかいないカワムツ属 *Nipponocypris* は日本列島が大陸と陸続きであった三〇〇万年位前に第二瀬戸内海湖の名残である琵琶湖で発生したとも考えられるのでまさに日本のコイ科の魚と言ってもよい。

このように学名では消されかけているが、雑魚としてのオイカワは健在である。どういう訳か筆者の魚の量的変動の研究は、淡水魚ではオイカワで、海産魚ではウマヅラハギという雑魚で始まっている。

これと関連して、二五年ほど前に神奈川県藤沢市の小学校で家庭科の公開特別授業として、〝どこにでもいる普通の魚の大切な役割〟というのを筆者はやっている。

この内容は、名取弘文編『おもしろ学校公開授業「雑」には愛がいっぱい』（農文協人間選書一五九）の中で、雑穀（阪本寧男）、雑菌（小泉武夫）、雑煮（小林カツ代）と共に雑魚としてオイカワとウマヅラハギが紹介されている。

共に、「公害魚」と呼ばれたり、「公害に強い魚」「公害で増える魚」と言われているのは筆者の研究内容や発言ともからんで皮肉なことである。

雑魚はざことも読むが、ざつぎょとも読む。ざこのほうはだんだん死語に近くなりつつあるが、雑魚券としてざつぎょは釣りの世界でますます巾をきかせている。試しに雑魚券で検索すると五〇万件以上遊漁券に関する説明が出てくる。

アユ、ヤマメ、イワナを除くいわゆるハヤ（ウグイ、オイカワ、カワムツなど）やコイ、フナその他もろもろを雑魚として扱い入漁料（遊漁料）を漁業協同組合がそれらを釣る人々から徴収するのである。

これは第五種共同漁業権の漁業権魚種としてこれらの魚種が認定されているからである。このいわゆる増殖漁業権が認められた魚種については、漁業組合に放流等の増殖事業が義務づけられている。

筆者が東京都の秋川でオイカワの調査研究を始めたのはこのことと関係している。大学院の指導教官であった桧山さんが都釣連に関係していたためか、秋川でオイカワの増殖方法を研究してみないかということになった。しかし、オイカワの場合は、特別の増殖策を施さなくても川の環境が富栄養化やダム造成によって増えやすい状態になっていた。さらにそれを加速することが全国の川で行われていた。

ダムがつくられ、アユの天然遡上の途絶えた河川では琵琶湖のコアユをさかんに放流していた。その結果コアユに混入してオイカワ（後にはハスやカワムツも）がそれまで分布していなかった東北地方の川にまで〝移殖放流〟され爆発的に繁殖していた。

そこで、北は青森県から南は長崎県（川棚川はシーボルトの採集した川）までオイカワを採集し増えるメカニズムを究明しようとした。その結果明らかになった形態面での地域的分化の一つとして、脊椎骨数と水温との関係に見られる琵琶湖のオイカワの特異性がある。

ところで、「漁業者の川から釣り人の川へ」（『フィッシング』初出。『魔魚狩り』に再録）ということで秋川を後者の代表例として書いてから四五年、内水面漁業と釣りの関係はどうなっていったのか。

アユの冷水病と外来魚問題でてんやわんやの状態であった。冷水病はオイカワにも水平感染するとか、オイカワは国内外来種であるとか雑魚もそれなりに問題にされた。

例えば、後者について言えば、環境省の外来魚問題小委員会で、水産業界で行っているアユの放流にもいろいろ問題ありですよと皮肉ったせいか、国立環境研究所の高村健二さんが『見えない脅威〝国内外来魚〟』（東海大学出版会二〇一三）の中で第六章・琵琶湖から関東の河川へのオイカワの定着を書いている。四五年前に形態学的に明らかになっていることを遺伝子解析でより詳細に明らかにしようとしたものである。それが明らかになったからといって今さらどうということもないのだが。

国内外来魚という見方をするならば、オイカワ、カワムツ、ヌマムツ、ハスどの魚にとっても琵琶湖のコアユ放流開始の一九二四年以前のそれぞれの分布域以外の地域では国内外来魚と見なされる。これらの魚は日本中の河川や湖沼においてさがせば見つかる状態になっている。

それゆえ、一〇〇年前の自然分布のせまい魚種ほど現在は国内外来種と見なされる地域が多数あるということになる。ハス、ヌマムツ、カワムツ、オイカワの順で。

そういうこととは全く関係なく今でもオイカワは各地で大事な漁業権魚種として、増殖の研究が内水面水産試験場等で行われている。

例えば、福岡県では二〇〇八年より、〝オイカワ増殖手法に関する研究〟、〝オイカワ産卵場造成手法に関する研究〟、〝オイカワ種苗生産効率化に関する研究〟と合計二〇ページの研究報告がある。そこでは、岐阜県の一九七一年から三年間の研究報告を引用している。これはこの四五年間変わってないなあというしかないが、オイカワが国内外来種にあたる東北地方の県ではどうなのかと気にかかる。

それはそれとして、福岡県では、同じ研究報告にオイカワと同じ研究者が、〝福岡県に移入・繁殖したハスの生態に関する研究〟と、〝ハスの効率的駆除手法に関する研究〟を報告している。コイ科唯一魚食性を示し、アユやオイカワへの食害が確認されたというのが研究の理由である。琵琶湖ではこれまで述べた四種中で最も賞味され値段も高いのだが。

雑魚ですら、だからこそか、数カ国の人々と地域によっていいようにもて遊ばれている。

水面下の心理へ… 期待と予測のデザイン

島崎憲司郎

季刊「d/SIGN」no.12 インタビューより抜粋

聞き手・戸田ツトム

— フライフィッシングという自然解読のひとつの表現のその一連、天候、季節や時刻、その水辺だけで展開される独自のエコロジー、水や山のコンディション、そして自らの立ち居振る舞い、選ばれた道具とフライ…これら一連にまつわる選択が「デザイン」を生む、そしてそれがある程度良かったかどうかは、とりあえず魚が釣れたかどうかで知らされる…。その作業の先端に「フライ」がいます。

フライ、毛鉤を見慣れ、作り慣れた者にとって、シマザキフライは衝撃的な風景をもたらしました。

島崎　釣りというのは、ただ釣れればいいというものではありません。なかなか釣れない魚を何とかして釣り上げるというところに醍醐味がありまして、フライフィッシングという釣りは、長い歴史があるせいか、そういう部分の楽しみ方や引き出しが物凄く多いということでは他に類例がないほど成熟した釣りなんです。

あまり簡単に釣れてしまうと逆につまらない。釣れそうなんだけれどもなかなか釣れないことが逆に面白いという屈折した世界です。…どうやったら面白いか、そうした遊びの要素を徹底的に洗練させて組み立てた釣りがフライフィッシングのシステムなんです。よくぞこんなに面白い遊びを作り出したもんだと絶句するくらいですよ。

— …釣りに行ってくると気分がリフレッシュしますね。あまりむずかしいことを考えないで一日遊んでくるでしょう。何かこう充電されたてのような気分になる。

島崎　人間は元々水辺で暮らしていたそうですし、「水生人間説」まであるほどで、水と人間とは密接な関係があるようですね。…水のところにね、足を浸しているだけでもすごく効果があるそうですよ。

— 私はフライを始めたころ、多摩川でアユの人に混ざってハヤ（ウグイやオイカワ）を相手に練習していました。ミッジ（ユスリカなどをイメージした極小のフライ）だけで釣っていたので、なかなか釣り上げるのが難しかったです。

島崎　そうですか。でもそれはたぶんフライ自体の小ささとはさほど関係ないかも知れませんね。もしかしたらフックの方に問題があるのかも…。そのころの旧式のフックとは違って今の日本製ミッジフックは凄く進化してましてね、昔のとは全然性能が

季刊「d/SIGN」no.12
戸田ツトム＋鈴木一誌 責任編集
特集：心のデザイン
太田出版 2006

新装版 水生昆虫アルバム
A FLY FISHER'S VIEW
文・写真・イラストレーション
島崎憲司郎　フライの雑誌社
1997 初版　2005 新装版

違います。ぼくが手がけたＴＭＣのフックで同じことをやってみてください。その多摩川の同じ場所で。びっくりしてしまいますよ。以上コマーシャルでした（笑）。

ハヤの類はフライにはお誂え向きの魚ですね。どこの川にもたくさんいるし、一年中やれますから。ぼくも大好きですよハヤって魚。いまだに時々ハヤと遊んでます。肩がこらなくていいですよ。

―　いまだにハヤがお好きだという島崎さんがお勧めのフライはどんなフライですか？　なるべく簡単に作れて、しかもよく釣れるものがいいんですが（笑）。

島崎　たとえば今ごろ（６月）なら薄めにタイイングしたエルクヘアカディス、色はなんでもいいです。ハヤだし（笑）。サイズは18番。ウグイでもヤマベでも春先や冬はユスリカの羽化などに反応しているので、それに合わせた20番以下の小さなフライが効果的なんですが、夏場は活性が上がっているので18番ぐらいのフライの方がよく反応します。

18番のフライをハヤがくわえた状態は、人間がスティックアイスをパクッとくわえたぐらいの感じなんですよね。それだと釣った後にフライを外すのにも手さばきがよくて、すぐ次のキャストに移れるじゃないですか。別に効率を追求しているわけではないんですが、ハヤ釣りの場合は肩がこらない方向がよろしいかと（笑）。

―　エルクヘアカディスなら簡単に巻けて肩もこりませんしね。「薄くタイイングする」というのは？

島崎　ハヤといえども、何度もフライを流したり釣ったりしているうちに食い効果が落ちてくるんです。ヤマメなんかも同様ですが、同じ場所で１週間ぐらい続けて釣ってみるとよく解りますよ。フライに対する反応が日に日に右肩下がりになる。それは魚が「学習」するからです。これを俗に魚が「スレる」といいますが、スレるとは「スレっからし」から来ている釣り人用語ですね。

エルクヘアカディスのようなドライフライに限らず、フライをあまりボテボテにしてしまうと魚に見切られてしまいやすくなりがちでね。あまりたくさんつけない方がなぜかよく食うんです。18番だったら（エルクヘアは）20本前後かな。それを使っているうちに５～６本千切れてしまったりしてちょうど良くなる。…

蚊バリ釣り師のフライフィッシング

新谷一大

少年時代からフナ釣りと同じくらいヤマベ釣りが大好きだ。

ヤマベを知ったきっかけは、当時の月刊「つり人」に連載されていたはやせ淳さんの漫画だったと思う。主人公の少年が近所の汚れた川でヤマベを釣っていたのを見て、こんな魚が身近にいるのか！と強く印象に残ったのを覚えている。

それからは今は亡き父にせがんで、あちこち釣りに出かけた。多摩川、相模川、早川、酒匂川、狩川、伊豆半島の河川群、相模湖、三島湖、養老川、古利根川、思川、利根川、小貝川、鬼怒川、都幾川、滑川、市野川、高麗川などなど…。

トロ場の立ちウキ流し釣り、瀬のフカセ釣り、アンマ釣り、スピード釣法、ダム湖の立ちウキ釣りなどなど色々やったが、中でも一番熱くなったのが瀬ウキを使った蚊バリ釣りだった。

初めは市販の仕掛けから始まり、そのうちバラで蚊バリを購入し、自分好みに選んで仕掛けを作るようになった。天候や水色、ポイントの違いを読んで仕掛けを使い分け、狙い通りに釣れた時はホント嬉しかった。

ちょうどその頃、「フィッシング」誌で冬のヤマベのフライフィッシングに出会い、とても気にはなったが少年の私にはタックルが買えなかった。その後、お年玉をはたいてやっとシェイクスピアの4～5番入門セットを購入し、わくわくデビュー。

しかし、釣れない。どうにも釣れない。雑誌のやり方を真似てアップストリームでキャストし、ドラグフリーで流す。キャストの度に何度も出るのに掛からない…。たまにマグレで掛かると、びっくり合わせのせいでヤマベが宙を舞い、頭の後ろにすっ飛んでいく。面白くない。百発出ても数匹しか釣れないのはストレスがたまる。

フライが大きいのか？ 18番から始めたのが、20番、22番、24番…と、どんどん小さくなっていく。タックルは3番になり、ティペットも細く長くなっていったが、一向にフッキング率は上がらない。世の中の名人はどれだけ釣りが上手いのか…？ 悩みは深まるばかり。そしていつしかやめてしまった。

20年以上過ぎた数年前、東知憲さん訳のデイブ・フィットロック氏のバスフライの本に出会い、フライを再開。トレーニングと称して会社の隣の池で真冬に毎日ブルーギルをミッジフライで釣るうちに、ヤマベを思い出して再チャレンジするも進歩なし…。あまりに悔しくてバスそっちのけで熱くなってしまった。

なぜ蚊バリ釣りでは向こう合わせであんなに素直に釣れるのに、フライではこんなにも釣れないのだろう…。

蚊バリ仕掛けは道糸0・6～0・8号に瀬ウキを付け、その下部に15～20センチ間隔でハリス3センチ程の枝スで蚊バリを5～10本程結び、玉ウキを付け、最後に蚊バリを付ける。フックサイズは14～16番相当、ハリスは5～6X相当なので、ミッジングよりは荒いように思える。さらには、流し方はドラグフリーにはほど遠い、いやむしろ終始ドラグがかかりまくりである。

基本的にクロスまたはダウンクロス気味に仕掛けを振り込み、ラインテンションを張りながら、流れに瀬ウキを任せて徐々に竿を下流に向けて扇型に流していく。岸スレスレまで流しきったところで食ってくることが多いので注意！ また、時には竿先を引いたり送り込んだりしながら蚊バリの流れる速度に変化を付けるのも効果的だ。

瀬ウキの役目は振り込み易さや、蚊バリを水面下に留めるだけではなく、水流を受けて細かく振動することで蚊バリをアクションさせる狙いもある。食いが立つ時、渋い時に合わせて瀬ウキを使い分けることでアピールの強弱を変化させることもある。

すなわち、蚊バリ釣法は、自然に流すのではなく、ラインテンションを保ちながら積極的に動かしているのだ。アタリは手元にグッときたり、蚊バリのそばでパシャっと飛沫があがるが、基本的に向こう合わせ。実に癒し系な釣りである。

フライとの違いをあれこれ考えているうちに、じゃあ試しにやってみるかと、ダウンクロスにキャストしてラインを張って流れを横切らせてみた。すると手元にグッとアタリがきて、簡単に釣れてしまった。えっ？ フライでも釣れるじゃん！

その後はドラグフリーでのチャレンジと併せて、蚊バリのやり方をとことん真似て試してみた。ドロッパー、ウキ、アンマ釣りなどなど。面白いかどうかは別にして、蚊バリ釣法の方が圧倒的に釣れた！ カッコ悪いかもしれないけど。

どうやら私が試した蚊バリ釣法は、ダウンクロスのスイングというやり方らしく、多くのフライマンがドライ、ウェット、ニンフでやられている定番釣法らしかった。

すると別の疑問がわいてきた。フライを流す時にテンションを掛けた方が釣れるのはヤマベの特徴なのか？ ドラグがかかると警戒するのでは？ 手元にアタリが来たのに掛からないのは逃げアタリだから？ だとしたら食いアタリを取るにはどうしたら良いのか？ 専用タックルなら取れるのか？ ライン番手やティペットを下げれば良いのか？ ラインやティップの動きで合わせるのか？ ロッドの長さは関係あるのか？

ライズ狙いの落ちパクは、こちらが身構えている分掛かりが良い気がするが、スレやすい気もする。ラインが水面を叩くからか？ などなど、どんどん深みにハマりそうだ。

現在、私の中では癒されたい時は蚊バリ釣法、チャレンジしたい時はアップストリームのドラグフリーと遊び分けている。前者の割合が多いのはご愛嬌…。

先日、北関東にある妻の実家でヤマベの煮付けをご馳走になった。清流で釣ったヤマベを空揚げや南蛮漬けで食べた経験はあったが、婚姻色バッチリなヤマベをハラワタを出さずに生姜醤油で辛めに煮てあるのには驚いた。

正直、躊躇していたがお婆ちゃんが当然のように食べるのをみて、勇気を出してガブリ！ なんと、イワシのようにほろ苦くて美味しかった。ん？ まさか、イワシヤマベという呼び名の由来はこれか？ やっぱりヤマベは昔から地域の人に親しまれて来たのだなとつくづく思った。

里川でのヤマベ釣りはお手軽だけど奥が深く、腕の差が出る釣りだ…。大の大人を夢中にさせる愛すべき魚と自然をこれからもずっと大切にしたいなぁ…。

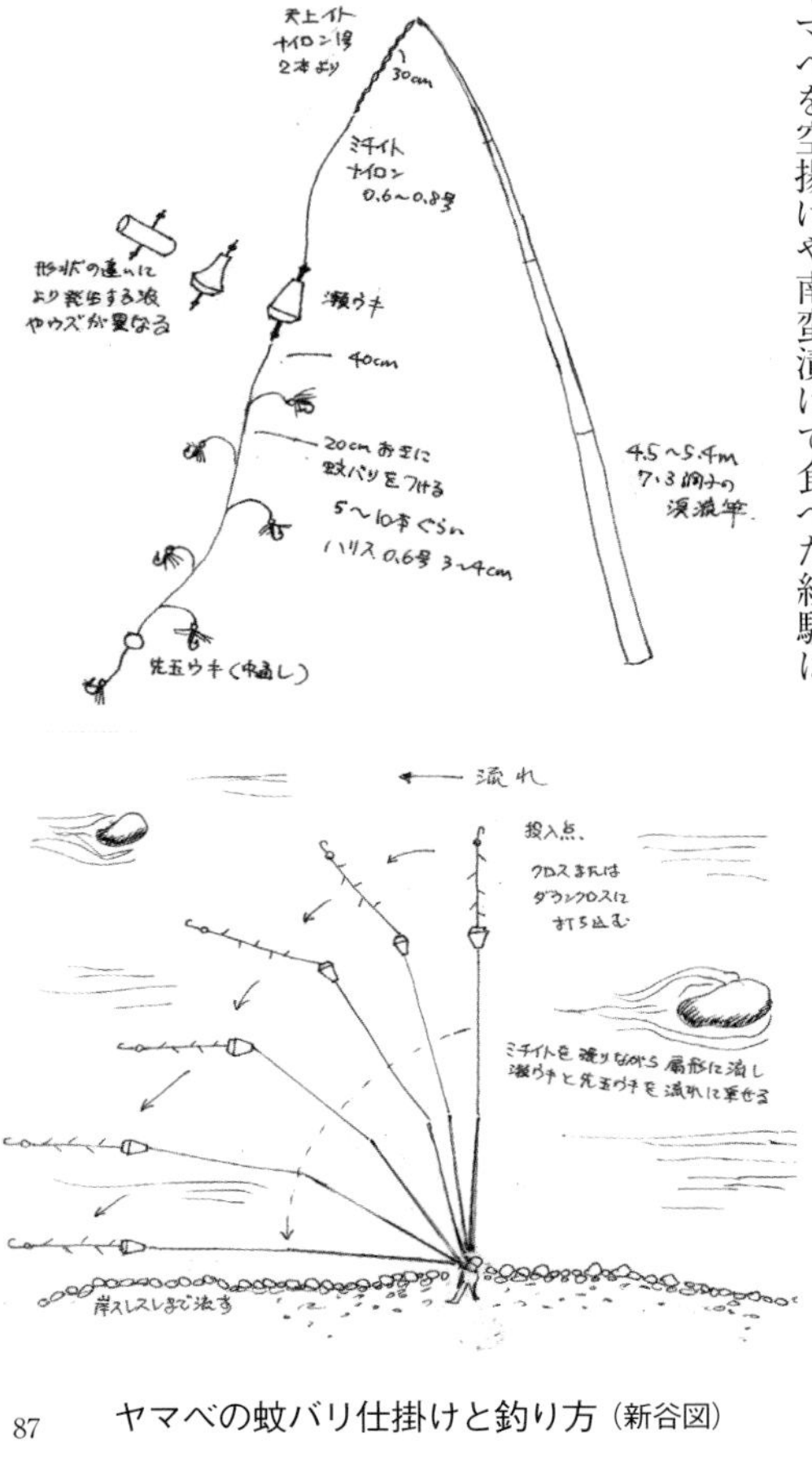

ヤマベの蚊バリ仕掛けと釣り方（新谷図）

僕とハヤと電車でゴー

田中祐介

記憶というものは、まるで服をタンスの棚にしまうように銘記・保存して、好きなときに引っ張り出せる仕組みになっているといったことを、なにかで読みました。

そのタンスに「釣りの棚」があるとしたら、いちばん奥にオイカワやカワムツが泳いでいる、という釣りびとは多いのではないでしょうか？

静岡県の平野部で生まれ、釣りを覚えた僕にとって、〝ハヤ〟（静岡ではオイカワやカワムツをこう呼んでました）は、たしかにそんなサカナです。家の裏手が川だったものだから、手づかみ→ワナ（自作のびんどう＝ペットボトル製）→釣りとお約束のコースで、気づけばいっちょまえの釣りびとになっていました。

〝タンスの棚の奥〟にはそのひとにとって「身近だったサカナ」が泳いでいることでしょう。

関東平野に生まれた釣りびとはフナやコイ、下町生まれの江戸っ子ならハゼかもしれないし、湘南で育ったひとにとってはイワシやメジナかもしれません。世代によってはブラックバスということもあるでしょう。

そんな身近なサカナたちのなかで、電車でゴー、もしくはフライフィッシング入門にぴったりなのが、ハヤなのだと僕は思います。

ハヤ釣りはお金がかからない

首都圏ならば、市街地や駅からもほど近い河川やダム湖には、たいていハヤがいます。そのため、電車オンリーで気軽に釣りに行けます。場所によっては、都心から片道500円以下の交通費でリーズナブルに行けます。

ハヤは漁協が管理していない河川にも泳いでいる身近なサカナなので、釣り場によっては入漁料すら必要ではありません。（不明な場合、行政に要確認！）

フライフィッシングを始めてみたいけれど、「クルマがないから行けない…」、「あんまりお金がかかるのはちょっと…」と尻込みしているひとを誘うには、もっとも適した釣りではないでしょうか。

ハヤ釣りは荷物が少ない

電車で釣りに行く〈電車でゴー〉では、「すべての荷物を持ち歩きながら釣りをする」ことが前提になることから、荷物が少ないことは美徳です。身軽なほど道中も釣り中もラクです。

このへんの事情から考えると、ハヤは最強にイージーな電車釣行のターゲットです。

ヤマメやイワナ、ニジマスねらいの電車でゴーの標準装備である［釣り具、ベスト、ウェーダー、ウェーディングシューズ、カッパ］のうち、ハヤ釣りでは釣り具以外はかならずしも必要ではありません。

ハヤは岩がゴロゴロした源流にすんでいるわけでも、つめたい水を好むわけでもない里川のサカナなので、夏場であればサンダル＆短パンで釣りができてしまいます。むしろ、その服装こそがハヤ釣りの正装といえるかもしれません。（麦わら帽子をかぶればなおよし！）

また、ハヤはヤマメやイワナのように神経質なサカナではないので、フライのタマ数も、さまざまな径のリーダー、ティペット類も必要ありません。かさばる装備がなければそれを収納するザックすら必要ではなく、まさに着のみ着のまま釣りに行くことができます。

唯一、気をつかわなければいけないのがフロータント！　ハヤのすむ里川にはざんねんながら生活排水がながれていることがあるので、洗剤由来の界面活性剤の影響か、渓流よりもフライが沈みやすいように感じます。なので、フロータントは高性能なものを持っていったほうがよいかも。

いずれにせよ、少ない装備で始められるというのは、入門しやすいことにつながります。

ハヤ釣りはハードルが低い

前述のとおり、ハヤは神経質なサカナではありません。そのへんに群れで泳いでおり、急な動きをしないかぎりは釣りびとが近くにいても逃げません。

水面を流れるものに、よーく反応します。ヤマメ釣りの最中に釣れてしまうと、つい「おまえかー!!」と雑にあつかってしまいます。毛鉤釣りの対象魚のなかでも、そうとうに釣りやすいサカナであることは間違いありません。

ともすれば「外道」や「雑魚」とバカにされがちなハヤですが、フライフィッシングへの入門魚として最適なサカナであると思います。ほぼドライフライオンリーで楽しめるのも大きなポイント！

「管理釣り場から渓流にステップアップしたいけども、いきなり渓流はハードルが高いなぁ…」と思っているひとにとって、川歩きやフライの流しかたを学ぶのにも最適なサカナだとも思います。

ハヤ釣りにはノスタルジーがある

僕にとって、ハヤは幼少期から学生時代までは、そのへんにいるサカナでした。よく釣ったし、ときどきは食べました。

カワムツはから揚げ、オイカワは白焼きに醤油がおいしいと思います。水産系の学校だったので、ときには、実習の材料としてホルマリン標本にもなってもらいました。

ひとより学生生活が長かったために引っ越しも何度かしましたが、たまたまか、ハヤはいつも身近に泳いでいました。お金もヒマもなかった大学院生のときは、ハヤばかり釣っていた気がします。

なんとか就職してからは、それなりに生活も安定したので、ハヤのいる川を飛び越して、行きたい釣り場へ行けるようになりました。

都内へ引っ越してしまうと、ハヤは身近なサカナではなくなりました。近所の運河にはさすがに泳いでいません。以前にくらべて僕とハヤとの関係は疎遠になってしまいました。

しかし、今でも渓流が禁漁になると、学生時代に住んでいた町、八王子の近くを流れる川に、ハヤを釣りに行きます。（もちろん江東区から電車でゴー！）

秋の陽のなかハヤ釣りをしていると、ふだんは自分が肩ひじを張ってフライフィッシングをしているのではないか、というような、シンプルな、そしてノスタルジックな気持ちになってきます。

今年は実家の裏の川で、ひさしぶりにハヤ釣りしてみようかなぁ…。

オイカワ日記―秋

堀内正徳

10月9日

夏が終わり、短パンでじゃぶじゃぶの陽気ではなくなってきた。面倒だが長靴を履いて川へ行く。

学校下へ入ろうと思ったが、長靴姿でがぼがぼと放課後の小学校前を通りすぎるのは気がひける。目ざとく見つけて、「あ、○○くんのお父さんだ！」と個人情報を叫び、よせばいいのに校庭から手を振ってくる子どもがきっといる。そうしたら長靴姿で手を振りかえさざるを得ない。

だから今日は編集部の目の前の土手を降りて、川の中を釣り下っていくことにした。結果的には大正解でたくさん釣れた。

風が強くてライズはない。でもフライを水面に流せば、きちんとオイカワが顔を出してくれる。ライズが見あたらないからといって、あきらめないことだ。ライズがない時に、「だってライズないんだもん」と言ってロッドを出さないのを美徳とするような中高年のフライマンにはなりたくない。

10月になればポイントも変わる。夏がくるぶしの水深なら、秋はふくらはぎくらいがいい。冬はトロ場で、と言いたいところだが、プールのライズを探すのはわりと大変だ。ぼんやりするより湧水や合流点を探った方が早い。

今年は夏が始まる前に、工房ひわたりさんに頼んでオイカワ・ネットを作ってもらった。玄関へぶら下げておいたら、妻に「新しいアミ買ったの？」と聞かれたが、「なに言ってんの、前から持ってるアミじゃん」と答えた。あくまで平然としているのが大切だ。

今日は上ばりに20番のソフトハックル、下ばりに22番のドライ。2本の間を60cmとった枝バリ仕掛けだ。水を吸ったソフトハックルがMB（マイクロバラスト＝『フライの雑誌』第62号参照）になって、ドライフライがいい感じでドラグフリーで流れてくれる。

昨日、近所の子どもと顔を合わせたとき、「あしたおれハヤ釣り行くよ」と言ってあった。だから来るかなと思って、時々後ろを確認しながら釣っていた。でもけっきょく来なかった。友だちと遊んでいるのか、家で宿題でもしているのか。

わたしみたいな世の中の外れ者のおじさんと、いつまでも一緒に釣りして遊んでいるようでは、人として困る。そろそろ近所の子どももそういう季節なのかもしれない。フライロッドを握ったまま、ふと背中を振り返ったら夕焼けだ。世界のすべてが愛おしい。

10月13日

松井真二さんと知り合って間もないころ、イブニングライズ待ちの川原で、松井さんが「ヤマメを釣って放すだけなのに、なんでこんなに楽しいんだろう」と漏らした。

昨日は天気がよかったので、妻が作ってくれたお弁当を持って、昼間から川へ行った。お弁当を食べるついでにオイカワ釣りもしました、と後で報告したら、「釣りのついでにお弁当を食べたんでしょう」と言われた。こんなちっちゃな魚を釣って放すだけなのに、なんで楽しいんだろう。

コロガシ竿をふりまわしているおじさん三人組。酔っぱらったおじさん一人が近づいてきた。おじさんがおじさんに声をかける。

「おじさん釣れる?」

「ううん、おれは呑みに来たの」

ただの酔っぱらいかと思ったら、この川で70年も釣りをしてるという本物の釣り師だった。

「フライだってやるよ」

と聞いて、わたしは急に敬語になった。

死んだばかりの生々しいアユを水辺で見つけた。コロガシのハリにかかって流されたんだろう。今年は浅川へ大量に天然アユが遡上してきている。ばんばんジャンプしてる落ちアユをフライフィッシングで釣るメソッドが確立されたら、ノーベル賞どころじゃない。来季は全漁券を買ってアユ釣りしようかな。

10月15日

今の季節は一日中オイカワのライズがある。あたたかい日の午後は仕事の手がとまり、川へ行きたくなる。行ってしまう。今日の秋晴れは一度きり。

15ヤードくらい先のライズを狙う。思い通りのキャストと期待通りのフライパターンとイメージ通りの釣り方で何十匹も釣れる。楽しい。

わたしは去年よりもその前よりも、オイカワ釣りはもとよりフライフィッシングそのものが上手になっている気がする。まあこれだけやってればねと思う。

オイカワ釣りは断然バーブレスフックがいい。メーカーは極小サイズのバーブレスフックのバリエーションをもっともっと増やしてほしい。極小と言っても20番くらいでいい。

枝バリ仕掛けならドライで2匹いっぺんに釣れる。着水と同時に2匹出て同時にフッキングする。1匹出たのをかけて、すぐ後にもう1匹出るのをまたかけるのも楽しい。15cm近いオイカワが2匹同時にかかると、2番ロッドに3番ライン、0・4号のハリスで「おっとっとっ」と声が出る。最近一荷釣りしたのはカマスとワカサギとオイカワくらいか。

今日は広くて開けたプールで釣っていた。夢中になって釣っていたら若い女性の声で「釣れますかー」。見ると自転車を押した高校の制服姿の男女が、土手の上でこちらを見ている。娘さんの方が手を振っている。川の中の釣りおじさんに声かけてくるなんて最近の娘さんは社交的です。

「釣れるよー」

「何が釣れますかー」

娘さんは何が釣れるかと聞くんですね。

「ハヤだよー」「ハヤですかー」「ハヤですよー」「釣りがんばってくださーい」「がんばるよー」

男の子の方もいっしょになって手を振った。二人で楽しそうに突っつきあいながら、土手を遠ざかっていった。いいね!

がんばってくださいって言われても、しょせん釣りだし。しかもハヤだし。ハヤをどれだけ釣っても、社会にはなんの役にも立たない。自分が楽しいってだけだ。

おじさんもう少し釣ってから帰ることにする。

10月21日

昨日の午後、根詰めて編集作業を進めていたら、急に体が動かなくなった。電池よわってるからすぐだめになる。水木しげる先生方式で12時間寝ていたら動いてくれた。

広くて浅いフラットで思いきりラインをのばして、できるだけ遠くで魚をかけるのはフライフィッシングならではの喜びだ。

糸の先についているのが、オイカワでもボーンフィッシュでもスティールヘッドでも、喜びの質はあんまり変わらないんじゃないかと、釣り雑誌を作っている人にはあるまじきことを考える。

10月22日

この本で世の中変わるかもしれない。いつもそれくらいの勢いで本を作っている。編集仕事の佳境にいるとき、(この本ができ上がるまでわたしを殺さないでください神様)と思う。毎号毎冊、いのちの大安売りだが、しつこく生き延びている。

今日も川へ行く。

オイカワ釣りのアワセはフライラインを慣性で持ち上げて魚を乗せる。スペイキャストのリフトというか、ヘラ釣りの「あおりアワセ」の前半の動作にも似ている。

波にもまれている15ヤード先の20番のフライは、もちろん見えない。アワセのタイミングは野性のカン。イメージ通りに釣れると全身に万能感が満ちてくる。

10月24日

風がない方がライズは多い。サクラの名所を、「ひと目千本」と言ったりする。今日のライズは、さしずめ「ひと目百発」のライズの雨。こういう時の風のないプールの釣りはむずかしい。ものすごく極小の虫を食べていたりする。

今の時期、午後4時半から5時までの30分あれば、日ごろの疲れがすべて吹っ飛ぶ。人生のちっぽけな悩みも課題も、問題点も、すべてデリート、すっからかん。明日からまた新しい人生の始まりだ。あれこれ抱えて生きていくには荷物は重すぎるし、わたしの肩は華奢すぎる。

10月25日

家の近くにヘンリーズフォークがあれば、ヘンリーズフォークへ通う。ボーンフィッシュフラットがあれば、ボーンフィッシュフラットに立つ。

支笏湖の畔に住んでいるなら支笏湖を釣るし、渡良瀬川が流れているなら渡良瀬川へ通うだろう。オイカワのいる川のそばに暮らしているから、オイカワの川に通っている。

オイカワはその辺の川にいる。それでいてフライフィッシングの面白さの要素をすべて備えている。

今日もライズの雨。21番のエルクを水面へパシッとではなく、ポトンと落としてやる方がよかった。細かいところで反応がちがう。しかも毎日変わる。毎日釣っていてもオイカワの気持ちは分からない。スイングの釣りには反応がなかった。手持ちのコマは色々と持っていた方がいい。

今年は何人かのベテラン釣り師の友人たちが、腕をポキポキ鳴らしながらこの川へオイカワを釣りに来た。一緒に釣るとたいていはわたしの半分も釣れないで、気の毒に背中が煤けていた。釣れなかった人に共通していたのは、「ハヤごとき」という慢心から、自分の釣りをわがままに押し通そうとしたことだ。釣りにはふだん隠れているその人の性格がまともにでる。たいへん興味深い。

10月27日

今日は電車に乗って、近郊の川へオイカワとカワムツを釣りに出かけた。釣れたのはなぜかオール・カワムツだった。カワムツは10㎝くらいの魚でも16番フックに余裕でかかる。なにしろ口がデカイし、大ぐらいのバカである（カワムツすまん）。

ただしカワムツは、機嫌が悪いときは徹底的に機嫌が悪くなる。猫カフェの女王様ネコみたいな、めんどくさい一面をもつ。

11月5日

一昨日、中馬達雄さんに原稿依頼の電話をした際、「あなたは最近ハヤばかり釣っている。そのわりに使っているロッドに変化がないようだ」というご指摘を受けた。

たしかにこのところ、出しっ放しの適当な竿を使っていて、変化がなかった。でもなんかご指摘されるのはちょっと不本意だ。

中馬さんは、「シーズロッドでハヤを釣ったら、改めて楽しいなあって思った。ハヤ釣りにぴったり。あなたも色んな竿を使いなさい」と言った。そんなこと言われたら使いたくなる。

玄関のロッド置き場から、2番のシーズロッド6フィート8インチを持ち出して、そのまま川へ。手のひらサイズでもこの竹竿なら、掛けてからがウハウハと楽しい。

オイカワ釣り用のウエストポーチからリーダーグリースが2個出てきた。予備を買ってあったのを忘れてダブって買った。最近そういう買い物が多い。一度読んだ本でも読んだのを忘れてダブって買って読みはじめ、しかも途中まで気づかない。要介護度高い。

今日のフライはオポッサムのボディ各色に、適当なヘンハックルを一巻き。リーダーグリースでべしょべしょにして水面に貼り付かせ、ドライとして使う。

わたしが君のことをどれだけ好きか、君には分からないだろう。どうでもいいから早く逃がせと、手の上のオイカワが濡れている。

「全国の釣り人が熱く語る オイカワ／カワムツ釣り最前線」

アンケート項目

①あなたの地元に生息している魚種について教えてください。ひとつ選んでください。
□オイカワのみいる　□カワムツのみいる
□オイカワとカワムツ両方いる
②あなたの地元での一般的な呼び名（地方名）をすべてご教えてください。
③地元で代表的なオイカワ／カワムツの釣り場を教えてください。
④あなたにとってのオイカワ／カワムツのフライフィッシングについて、近いものを三つ選んでください。　□四季を通じて楽しめる　□禁漁期（秋から冬）に楽しめる　□渓流魚の練習相手で楽しんでいる　□オイカワ／カワムツのフライ釣りを深く追求している、追求したい　□渓流歩きがきつくなってきたので体力的にちょうどいい　□オイカワ／カワムツのフライ釣りをぜひ始めたい
⑤おすすめのオイカワ／カワムツ釣りのフライロッドを教えてください。
⑥あなたが好きなオイカワ／カワムツ釣りのメソッドを三つ選んでください。
□アップストリームでのドライフライ　□ダウンストリームでのドライフライ　□アップストリームでのウエットフライ　□ダウンクロスでのウエットフライ　□ドロッパーをつけてウエットの流し毛ばり　□インジケーターをつけてウエット／ニンフを水面下へ沈める　□ストリーマー・フィッシング
⑦オイカワ／カワムツ釣りでいちばん信頼している、あるいはもっともよく使うフライパターンとサイズ、使い方を教えてください。
⑧印象的なエピソード、思い入れなど、自由にどうぞ。

※敬称略

【九州】

神薗純一（鹿児島県）

①両方いる。
②オイカワ⇩ハヤ
カワムツ⇩モッゴロ
③万の瀬川（鹿児島）の中・下流
④深く追求している、追求したい。飼育してもたのしい!
⑤UFMウエダ　オイカワローヤル　7ft 3in #1。ちっこいハヤでも楽しい。
⑥アップでのドライ、ダウンでのドライ。
⑦パラシュート　#16〜19。着水と同時にヒットさせたいので、フォルスキャストで水面スレスレを何度か行き来させて魚をじらします。着水前に持ってかれるとびっくりします。
⑧アワセが決まって「見たか〜」って後ろをふりかえる。もちろん誰もいない。オイカワあるある。

下野甲（鹿児島県）

①両方いる。
②オイカワ⇩ハヤ
カワムツ⇩モッゴロ
③だいたいどこの川にもいます。ハヤは下流寄り、モッゴロは上流寄りです。
④四季を通じて楽しめる／秋から冬に楽しめる／渓流魚の練習相手。
⑤UFMウエダ オイカワスペシャル 7ft #1／2。発売当時あこがれた。社会人になってオークションで見つけ、つい手に入れてしまった。今どきの#0〜3で短めのロッドなら引き味も楽しめるのでは？　師匠はバンブーロッドでのハヤが面白いというので、今後は…。釣欲も物欲も止まらないです。
⑥アップでのドライ。
⑦ハヤはスタンダードやパラシュートの#16〜20、モッゴロはカディスの#10〜14。ウイングにギンクをぬりぬり。
⑧初めてドライフライで釣った魚がハヤでした。18番くらいのパラシュートにパシャッと何度も出てくる小さなハヤに夢中になりました。アワセが決まるとすごく嬉しかったのを覚え

ていますが、後ろの川原にすっ飛ばして何度も回収しに走ったような…。ドキドキ、ワクワクしていた小学生の頃の思い出です。

樗木和人（鹿児島県）
①両方いる。
②オイカワ⇩ハエゴロ
　カワムツ⇩モッゴロ
③思川（おもいがわ）の中流部。
④四季を通じて楽しめる。
⑤UFMウエダ　オイカワ　ローヤル　7ft 3in　#1。手持ちの#1ロッドだから。
⑧ベテランさんたちと並んでフライフィッシングをしたときのこと。なぜか僕のフライだけが入れ食いになった。ハエゴロでもフライを見るんだと感心した。

中馬達雄（鹿児島県）
①両方いる。
②オイカワ⇩ハヤ
　カワムツ⇩モッゴロ
③万の瀬川、川内川、永田川の下流から中流でオイカワ。上流でカワムツ。川辺町、湧水町、谷山付近。
④四季を通じて／体力的にちょうどいい。
⑤エノハロッド5ft #2／3。
⑥アップでのドライ、ダウンでのドライ。
⑦コカゲロウダン・パラシュート　#19～24。プレゼンテーション即フックセット。
⑧分母にプレゼンテーションの回数、分子にフッキングした回数を2段ずつ足していき、100分の20を超えたら有頂天。100分の10以下なら凹む。桜の花吹雪の下、プレゼンテーションの際に、ぎりぎり水面上5センチで落とさずフライをピックアップすると、同時に落ちた桜のはなびらへ、ハヤがライズする。15ヤードを超えてプレゼンテーション即フッキングが成功したとき、ひとりで絶叫する。

斉土　修（熊本県）
①両方いる。
②オイカワ⇩ハエ
　カワムツ⇩アカバエ
③上江津湖の象さんプール前。
④四季を通じて楽しめる。
⑤ティムコ　インファンテ　オイカワSP 8ft　#0。普通の竿で普通に買えて普通にオイカワ釣りが楽しめる。
⑥アップでのドライ、ダウンでのドライ、ダウンクロスでのウエット。
⑦グリフィスナット　TMC100　#20。アップクロスでドライフライとして使うのはもちろん、フライが見えにくかったり活性が高い時はフロータントを塗りつけポッカリ浮かせてダウンクロスで水面滑らせ作戦。水面への反応が薄いときは、ハックルを2回転分だけ残して刈り込む。近年は手元にゴンとあたる偽ウエットフライ作戦がお気に入りです。
⑧真夏、子供二人と浮き輪と水中眼鏡とタープと、キンキンに冷やした飲み物と釣り具を愛車に詰め込んで湧水河川で水遊び。浮き輪で流れながら泳ぎながらの遊びに飽きたら、ロッドを握ってギラギラ光るオイカワの群れにキャスト。たくさんのオイカワが釣れた。派手な婚姻色が釣れたら子供を呼んで一緒に眺めた。地味に幸せ感じた。今年も水遊びオイカワ釣りに行きたいけれど、子供二人はつき合ってくれるか微妙。

［四国・近畿］

本田孝雄（愛媛県）
①両方いる。
②オイカワ⇩ショウハチ
　カワムツ⇩ハヤ
③小田川の中上流域。
④深く追求している、追求したい／体力的にちょうどいい。真冬以外は通年釣れます。
⑤ブルーヘロン　ソリッドティップ　7ft 6in　#000。非常に柔らかく、魚が抵抗を

感じないので、フッキング率が高い。

⑧ドライでもニンフでもウェットでもちょっと誘ったほうが釣れることを発見した時、ヤマメやイワナのナチュラルドリフトの釣りとは違うと感じた。

山本雅昭（大阪府）

①両方いる。

②オイカワ⇩ハエジャコ、ジャコ

③賀茂川の西賀茂あたり。オイカワは瀬で、カワムツは淵で。

④秋から冬に／渓流魚の練習相手として

⑤UFMウエダ　スーパーパルサー　8ft #4／5。私が初めて買って、初めて魚を釣ったロッド。オイカワを釣るにはゴツすぎますが、賀茂川上流などの広い川で少し遠くに投げるにはちょうどいい感じ。

⑥アップでのドライ。

⑦ポリウイング・ラスティスピナー　テールなし　#18。落ち込みから続く流れの筋で白泡が消えるあたりに、アップストリームまたはクロスストリームでプレゼンテーションします。フライはほぼ見えないので流れていく行方を推測し、そのあたりでライズがあればアワセます。夏なら婚姻色がケバい、冬ならナイフのようなオイカワが釣れてくれます。

⑧正月休み、凍てつく朝の賀茂川の淵にライズを発見しました。#14のブラウンパラシュートを投げてみたけど行方不明に。「あれ？」と思ってラインをたぐり寄せたら、プルプルとした手応えと共に銀色のカワムツがフライをくわえて上がってきました。フライで初めて釣った魚でした。絶対に忘れられない一匹です。

［中部・東海］

和田有司（岐阜県）

①両方いる。

②オイカワ⇩ハエ
　カワムツ⇩ムツ

③長良川・藍川橋下流付近の川がカーブして流れの緩くなったところ。

④四季を通じて／渓流魚の練習相手として。子供の頃、たくさん毛ばりのついた仕掛けで釣りまくった思い出があり、オヤジになって無性にフライで釣ってみたくなった。

⑤イナガキ　ゼフィルス　5ft 11in #3。柔らかいので10㎝の魚をかけても楽しい。遠くに飛ばす必要もないから、ちょい投げが楽しいロッドが向いていると思う。

⑥アップでのドライ、ダウンでのドライ。

⑦グリフィスナットかバイビジブルの#20。流れに任せて浮かべていれば食ってくれる。以前はCDCのピューパパターンも使っていたが交換が面倒くさかった。ドライシェイクをかければ手返しよく釣れる。パーマハックル系はフッキングが少し落ちる気がする。

⑧オイカワやカワムツの釣りはオヤジを童心に戻してくれる。気難しい釣りや気どった釣りに飽きたら、ノスタルジーに浸れるような釣りをしてみるのもよいのではないか。

中野秀昭（愛知県）

①両方いる。

②オイカワ⇩シラハエ
　カワムツ⇩ハエ

③矢作川水系、豊田市街から足助（香嵐渓）辺りの中流域。

④渓流歩きがきつくなってきたので体力的にちょうどいい。

⑤ブルーヘロン　ソリッドティップ　7ft9in　#000〜1。価格が手ごろでカスタマイズも可能。

⑧中学生の頃、生まれて初めてフライで釣った魚がオイカワでした。近所の釣具店で仕掛けを買ってきて、一本ずつバラして使っていました。我流のウエットフライの釣りでした。

［関東］

水落伊治（神奈川県）

①両方いる。
②オイカワ⇩ヤマベ
　カワムツ⇩カワムツ
③狩川の中流あたり。
④四季を通じて／秋から冬に楽しめる。
⑤インファンテ オイカワSP 8ft #0。キャストしやすく、やりとりが楽しい。
⑥アップ、ダウンでのドライ。
⑦ハンギング・パラシュート　#16〜18。上流、下流へ投げてナチュラルドリフト。
⑧ドラグがかかるとフッキングしない。警戒心が薄いから（人間の足もとを普通に泳いでる!）、繰り返しフライに出てくれる。フッキングの練習にちょうどよい遊び相手。

後藤司右一（神奈川県）

①両方いる。
②オイカワ⇩ヤマベ
　カワムツ⇩カワムツ、ハヤ
③鶴見川上流の鶴川付近。
④渓流魚の練習相手／深く追求したい。
⑤現在使用中の#4ロッドは引き味に不満を感じている。
⑥ダウンでのウエット、ドロッパー付きの流し毛バリ、ストリーマー。普段は湖の引っ張りの釣りが多いのでオイカワでも共通する釣りがしたかった。
⑦クロスオーストリッチ #18。鉄板です!
⑧秋川サマーランドに行った際、クロスオーストリッチのドロッパーで数匹のオイカワを釣った。後日、フックサイズを#18に落としたら、面白いように釣れてはまりました。子供の頃からエサ釣りで慣れ親しんだオイカワをフライで釣れて発見があった。友人にも教えてあげてオイカワ・ファン拡大中。ここ数年はマイ夏の風物詩となり、短パンにサンダルで川でジャブジャブ童心に帰っています。

大谷 新（東京都）

①オイカワのみいる。
②オイカワ⇩ヤマベ、オイカワ、ハヤ
③柳瀬川中下流、清瀬市中里〜新座市新座。
④四季を通じて／秋から冬に／深く追求したい。体力的にちょうどいい。近所で釣れるのが大きい。サカナがきれい（特にオス）で釣った時の満足感が意外と高い。昼間は金魚釣り堀、夕方は川でのオイカワ釣りのダブルヘッダーが楽しくてたまりません。
⑤エアーライト　グラス 7ft #3。フラットグリップ化したら、ちょうどいいフィーリングになった。ただ正直オイカワには強すぎる竿。
⑥アップ、ダウンでのドライ、ダウンクロスでのウエット。やっぱドライでしょ!
⑦グリフィスナット　#18〜22。基本はドライで、そのままウエットにもニンフにも転換できるところがものぐさな自分に最適。
⑧フライでのオイカワ釣りを始めた頃は強くあわせすぎて後ろの藪に飛んでいってしまったオイカワ多数。年相応のあきらめと力の抜け具合でだんだんうまく釣れるようになってきた気がする。やっぱり爺の釣りですかね。

小島裕（東京都）

①両方いる。
②オイカワ⇩オイカワ
　カワムツ⇩カワムツ
③浅川の上・中流、多摩川の中流域。
④深く追求している、追求したい。
⑤グラスロッド 6ft #2。7半くらいの方がいいかも。カーボンよりグラスの方が小さな生命感を感じられて断然面白いと思う。
⑥アップ、ダウンでのドライ。ロングドリフト。
⑦CDCフローティング・ピューパ　#21〜23。ボディを沈める。まっ昼間のプールでライズを見つけてロングドリフトで釣るのが好きですが、釣れないとつい瀬に行ってしまう。
⑧近所の川に通い始めたら面白さにどっぷりはまった。フライパターンより色とマテリアルを意識して試しています。最近あるヒット

メソッドを見つけた「つもり」でいます。

柴草高一（東京都）
①両方いる。
③柳瀬川、黒目川。
④四季を通じて／深く追求したい。
⑤ブルーヘロン　7ft　#0〜1。ロングキャストの必要がなく、魚がかかってからのやり取りが楽しめる。
⑥アップでのドライ、ダウンでのドライ、ダウンクロスでのウエット。
⑦オリジナルの#21。最近はウェット〉ドライです。水面直下での反応が良いみたいです。
⑧同好者とネットで日々やり取りしています。小さなオイカワが世界の釣り人との輪をつないでくれました。

清水克郎（東京都）
①両方いる。
②オイカワ⇩オイカワ、ヤマベ
　カワムツ⇩カワムツ
③南浅川、綾南公園付近。
④四季を通じて／渓流魚の練習相手／深く追求したい。楽しい。
⑤ライトスタッフ 8ft4in 2番。渓流の釣りに使う竿なら何でも良い。柔らかめな竿がより楽しめるかとは思う。
⑥アップのドライ、ダウンクロスのウエット。
⑦ミッジアダルト　ハヤスレ2・5号に巻く。ヤマメをドライで釣るのとほぼ同じですが、ライズに直接フライを投げ込む場合もある。
⑧うまくキャストできた時、フライが水面につく前に魚が飛び出して来たのは驚いた。

東海林誠（東京都）
①両方いる。
②オイカワ⇩ヤマベ
　カワムツ⇩カワムツ
③秋川サマーランド付近から多摩川合流。
④四季を通じて／渓流魚の練習相手／深く追求している、追求したい。遠出できないとき、時間がとれないときにでも十分楽しめる。
⑤アングラーズリパブリック　オールドビーチクワイエットループ　7ft　#3。気分で手持ちの低番手ロッドから選んでいる。魚とフライのサイズを考えれば#2以下だろうけど、距離をとったり風が吹くシチュエーションを考えると#3は欲しい。このロッドはグラスロッドにしては魚の動きがよく伝わってくるので、オイカワでもファイトが楽しい。
⑥アップのドライ、ダウンのドライ、ダウンクロスのウエット。
⑦グリフィスナットの汎用性も捨てがたいが、1つならパートリッジ&オレンジ #20。フロータントをつけてアップかダウン、水面直下で釣りたいときや数匹釣って浮力が無くなったらそのままダウンクロスで沈めて狙う。渋い時には少しアクションを加える場合も。
⑧私のフライフィッシングは「オイカワにはじまりオイカワに終わる」のかもしれないが、様々な魚への浮気が多い。まだ修行がたりないんだと思う。もっと釣りに行こう。

西村亮一（東京都）
①生まれ育った夕張には両方ともいなかった。
③野川、浅川、あるいは多摩川。
④四季を通じて／秋から冬に楽しめる／深く追求したい。オイカワが釣れると「わははは　わははは」と言ってしまいます。なぜでしょう。
⑤フェンウィック　イエローグラス2　シャングリラ　6ft6in　#3。電車とモノレールで移動するので2ピースの竹竿は持って行きにくいが釣り味がたまらない。イエローグラスはある程度の引きを楽しめる。遠投しにくいロッドで遠投するという自分に課する縛りも楽しい。
⑥アップのドライ、ダウンクロスのウエット。
⑦オレンジ&パートリッジ #16。川の真ん中に直立して下流右岸にキャスト、スイングして真ん中でヒット、左岸にキャストしてスイングして真ん中でヒット。これが好き。

たぐっているときにかかると、「ちっ」と言ってしまうのはどうしてなのか自分でも分かりません。

⑧初めてオイカワを釣ったのは日野高校脇の浅川でルアー釣りでした。婚姻色の出たオイカワを初めて見て、ほれぼれしました。その後フライフィッシングを始めて同じ場所で釣ることができたのは2年前です。それからフライを替えシステムを替えアプローチを替えと、54歳の私ですが渓流だけでなく、オイカワ釣りだって先はまだまだ長く、その分楽しい未来です。

小池 要（埼玉県）

①両方いる。

②オイカワ⇩ハヤ、バカッパヤ
　カワムツ⇩カワムツ

③埼玉県北部の入間川支流。

④四季を通じて／秋から冬に／深く追求している、追求したい。目が三角になったような釣り人と会うことが少ない。競争率が低い。

⑤友人の親父さん作の竹竿 6ft6in #3。グラファイトは引きがダイレクトに伝わってきて楽しいが手元でばらすことが多い。グラスはバレにくいが、繊細でシャープな引きまでいなしてしまう。竹竿だとバラシも少なく、引きも楽しめる。

⑥アップのドライ、ダウンクロスのウエット、ドロッパー付きの流し毛バリ。

⑦グリフィスナット #18～20。ライズしている真上にフライをふわりと落とすと、着水と同時に飛び出してくる。オイカワは空中を飛ぶフライを見ている。ゆったりループを作る。同じ場所でたくさん釣れるのでフロータントを施すのが面倒になるが、フォルスキャストで水分を飛ばせば2、3匹は釣れる。 ソフトハックル #18～22。ライズが無かったり風が強く水面が波立っているとき使う。ドロッパーをつけてダウンクロスで扇状に探る。ウェットフライ特有のアタリのドキドキがたまらない。2匹同時にかかるととても嬉しい。

⑧週末の関東メジャー河川でも、下流域では他の釣り人に会うことが少ない。気の合う仲間と肩ひじ張らずに釣りができる。ゆっくり家を出て少し釣りして、蕎麦でも食べて（ビールも）、イブニングライズを楽しむ。ごくまれに上流から落ちてきたヤマメなんかが釣れると、めちゃくちゃ嬉しい。難しいことを考えず釣れるオイカワ、カワムツ、ウグイと、ごくまれに釣れるヤマメ。これが自分にとっての理想的なオイカワ、カワムツのフライフィッシングだと思う。

山中 一（埼玉県）

①両方いる。

②オイカワ⇩ヤマベ
　カワムツ⇩ハヤ

③栃木県の湧水の川。

④禁漁期の練習相手。でも川に立つとマス釣りより熱くなる時もある。

⑤インファンテ 8ft #0。さすがにヤマベで弓なりにはならない。風にはめっぽう弱い。

⑥アップ、ダウンでのドライ。

⑦パラシュート・ピューパ #18。シブい時は頭だけにドライシェイクをすりつける。釣れている時は全体をシャカシャカする

⑧小学校低学年の夏休み、水中メガネをかけて堰堤下の泡に群れるオイカワへ川虫を流し込む。魚がかかると目の前でワイドパノラマ3D画像だ。今も魚がエサに食いつく瞬間、ドライフライに異常な執着を覚えるのは、あの頃の経験が効いている気がする。中学になると埼玉県の川へ仲間と出かけた。たまにウグイが釣れると大騒ぎになった。

山梨雅朗（埼玉県）

①両方いる。

②オイカワ⇩オイカワ
　カワムツ⇩カワムツ

③黒目川の新座付近。

④四季を通じて／深く追求したい。

⑤ブルーヘロン　7ft6in　#1。10センチのオイカワでも小気味良い引きを味わえる。自分がヘンタイということに気がつける。
⑥アップのドライ、ダウンクロスのウエット。
⑦パラシュート #20。長く流さず撃ちまくる。ビーズヘッドニンフ　#20。ていねいに細かく扇引きする。
⑧渓流と違い、同じポイントで仲間とワイワイと釣りができるのが楽しい。

木下俊朗（埼玉県）
①オイカワのみいる。
②オイカワ⇩ヤマベ
③小畔川の全域。
④四季を通じて／深く追求したい。
⑤ジャクソン　7ft3in　#1／2。軽い。
⑥アップ、ダウンのドライ、ダウンクロスのウエット。
⑦#22〜24。ドライで遊んで浮力が無くなったらそのまま沈める。
⑧面白いように反応する。何しろ釣り場が近い。ホームグラウンドは埼玉県川越の小畔川。オイカワマニアがたくさんいます。

高橋覚（埼玉県）
①両方いる。
②オイカワ⇩オイカワ、ヤマベ
　カワムツ⇩カワムツ
③柳瀬川の清瀬市金山緑地公園付近。
④四季を通じ／渓流魚の練習相手／深く追求している、追求したい。
⑤ブルーヘロン　7・9〜8・6ft　#1〜2。オイカワ、カワムツ向きのしなやかなブランク。リーズナブル。好みのアクション、好みのデザインで仕上げてもらえる。
⑥アップ、ダウンでのドライ。
⑦アダムス　#20。8〜9Xのティペットでナチュラルドリフトが基本。
⑧年間を通じてドライがメイン。真冬でも楽しめるオイカワ・フィールドが自宅至近にあるという幸運。渓流オフシーズンの腕ならしのつもりだったけれど、渓魚とも違う独自のジャンルではないかと考えるように。短時間で100尾に迫る釣果を得られるかと思えば、ライズもなくフライに無反応ということもあり、その日、その時の状況に合わせた釣りが必要。決して舐めてはいけない、意外な好敵手。

小島満也（埼玉県）
①両方いる。
②オイカワ⇩ヤマベ、アカンバ、サッパ
③飯能市・入間市の入間川、青梅市・飯能市の成木川。
④四季を通じて／体力的にちょうどいい。むしょうに釣りがしたい時の相手。
⑤コータック クレセントグラス　6ft8in　#3／4。
⑧ヤマベとカワムツの交雑魚は、ヤマベのように艶やかで、カワムツのように幅広・好奇心旺盛なのだろうか。

長岡久由（栃木県）
①両方いる。
②オイカワ⇩ヤマベ
　カワムツ⇩ザコ
③栃木県芳賀町周辺の五行川と用水路。
④渓流魚の練習相手として楽しんでいる。
⑤セージ　279LL　#2。10㎝そこそこの魚とはいえ少し腰があるロッドがいい。魚体に触らずハリだけを持ってリリースしている。
⑥ダウンでのドライ。
⑦パラシュート　#18。ダウンクロスぎみに投げて、ナチュラルドリフトで出ない時は、わざと少しドラッグをかけて誘ってあげる。
⑧上の子が生まれたばかりの3月、里帰りしていた妻の実家へ通っていた。周辺は田んぼだらけで用水路がたくさん。ポカポカ陽気の週末、妻に「夕方ちょっとだけ、釣りしてきていい？」と切り出し、用水路に直行。数投目で釣れたのは目当てのヤマメではなく、10㎝そこそこのカワムツ。紫がかった色

やオレンジがかった色で彩色された、すばらしく綺麗な魚体。その1匹で悶々としていた心は晴れ、満足。納竿した。

西村高之（群馬県）

①両方いる。
②オイカワ⇩ハヤ、ハエ
　カワムツ⇩ハヤ、ハエ
③利根川・前橋の中央大橋下、他支流。
④四季を通じて／渓流魚の練習相手／深く追求したい。短時間でも釣りができる。
⑤トラッタ GR663―6。6ft6インチ 3番 6ピース。釣りに行きたいなと思ったらすぐに実行できる。
⑧「近所で、手軽に」が一番の魅力と思いますが、奥深さもある。夏にはたくさんいた魚たちが、冬になると全く姿を見せなくなるのが不思議。空っ風の中で鼻水をたらしながら釣った1尾は、結構うれしかったりする。

古田充夫（千葉県）

①オイカワのみいる。
②オイカワ⇩ヤマベ、オイカワ
③手賀沼流入の亀成川、金山落、大津川。印旛沼流入の新川、神崎川。
④四季を通じて／秋から冬に／深く追求したい。身近な場所で釣れる。
⑤自作ソリッドグラス 5～6ft 2番。しっくりくる市販ロッドがなかったので、エサ釣り用振出し竿を改造して6ftの竿を作った。ソリッドグラスのブランクを削って1・5メートルの竿も作った。川岸にアシが茂っている手賀沼周辺でちょうどいい長さ。2番ラインをキャストできるギリギリの細い竿。10㎝ちょっとの魚でもぐいぐい曲げてくれて楽しい。
⑥アップ、ダウンでのドライ。
⑦CDCアカムシ #18。赤シルクフロスにオレンジか黄緑のミシン糸でリブをつけたボディ。ウイングにCDC（緑色）。フックはバーブレス。ライズを探して、群れの回遊してくる先にフライを落とす。ナチュラルドリフト。
⑧禁漁期の暇つぶしのつもりで始めたオイカワ釣りだったが、ハマっている。魚の数は多いのだから、何をやっても釣れるだろう、となめてかかっていたら意外と難しい。場合によっては渓流のヤマメ、イワナ釣りよりも難しいのではないか、と最近では思っている。

【東北】

山本英司（福島県）

①両方いる。
②オイカワ⇩イロツキ（婚姻色のオス）
　カワムツ⇩ムッツ
③福島市、キヤノン工場付近の荒川。
④深く追求している。身近な対象魚で楽しい。
⑤マッキーズ アーティスト G7 9ft #2。開けた中流域で狙ったところにフライを落とせる。絶妙な胴調子。超スローなロッド（ウエルナー スリム&フレックス 7ft #3）も使っていたが、軽快感がいまいちで風の日は遠いポイントに対応できなかった。
⑥アップでのドライフライ。
⑦ブラックアント・パラシュート #18。フッキングしやすさを優先し、テールもウイングも無くハックルも極力少なく見やすいフライに至りました。「オイカワ釣りは難しい」という意見はフライの選択を誤っているのがほとんどの原因だと思います。ドライが着水する瞬間に反応することが多い。
⑧30数年前、自宅前の川には夕方になると雨が降るようにオイカワがライズしていた。夕方から釣りをはじめて誰が早く100匹釣るかを競争していた。対岸の明かりが水面に映りこむエリアにフライを落とし、夜9時近くまで釣り続けたこともあった。今は数釣りはできなくなった。

ご協力に感謝します。
2015年7月アンケート実施

「オイカワ／カワムツ釣りに くわしい全国フライショップ」

アンケート項目

①地元に生息している魚種を教えてください。
□オイカワのみ　□カワムツのみ　□オイカワとカワムツ両方

②地元での呼び名（地方名）を教えてください。

③地元で代表的な釣り場を教えてください。

④地元でのオイカワ／カワムツのフライフィッシングの特徴で、近いものを選んでください。
□四季を通じて楽しんでいる人がいる　□秋から冬に楽しんでいる人がいる　□渓流魚の練習相手として楽しんでいる人がいる　□深く専門的に追求している人がいる　□フライ初心者の対象魚としてお店ですすめている　□年配の釣り人にちょうどいい釣りとしてお店ですすめている　□地元ではオイカワ／カワムツはばかにされている　□お店で積極的にすすめていきたい対象魚である

⑤おすすめのオイカワ／カワムツ釣りのフライロッドを教えてください。

⑥自由にひとこと！

敬称略

フライショップ マーティラ
飯塚正純（島根県雲南市）

①両方いる。
②オイカワ⇩ハエンゴ
カワムツ⇩アカンバエ
③斐伊川の上流～中流。
④ばかにされている／店で積極的にすすめていきたい。
⑤インファンテ　オイカワSP　8ft　#0～1。キャスティングがしやすく、扱いやすい。
⑥子どもの頃、近所の釣り具屋で毛バリを買って竹竿で釣っていた。夏休みの思い出です。

ささきつりぐ
佐々木由有（広島県広島市）

①両方いる。
②オイカワ⇩シラハヤ
カワムツ⇩ハヤ
③太田川のどこでも。
④秋から冬に楽しんでいる人がいる。ひまつぶし程度。
⑤ティムコ　インファンテ　8ft　#3。ちょうどいい。
⑥アマゴ、イワナを狙っていると勝手に釣れて腹が立つ。狙っているポイントがずれている証拠だとばかにされる。ハヤ女って呼ばれる。

フライショップ　ペスカドール
吹揚孝司（和歌山県田辺市）

①両方いる。
②オイカワ⇩ハイ
カワムツ⇩カワムツ
③富田川の鮎川地区。
④渓流魚の練習相手として楽しんでいる人がいる／地元ではばかにされている。
⑤ティムコ　インファンテ　オイカワSP　8ft　#1。へんに腰の弱いロッドではなくて、キャスティングもしやすい。
⑥30年前はオフシーズンに皆で釣りに行き、その場で油で揚げて食した。オフの楽しみだった。

加藤毛ばり店
加藤力（愛知県名古屋市）

①両方いる。
②オイカワ⇩シラハエ
カワムツ⇩カワムツ
③春日井市内の内津川
④秋から冬に楽しんでいる人がいる。
⑤ティムコ　インファンテ　8ft　#3。柔らかめのロッドで、小さい魚でもバレにくい。近距離のキャストが容易。
⑥小学生のころ、枝バリにテンカラ毛バリが

8個ほどついていて、一番下のカゴに練り餌を入れて誘って釣る、オランダ仕掛けでよく釣りをした。フライフィッシングとは言えないが、シラハエは幼少の頃を思い出す懐かしい魚であり、僕のフライフィッシングの原点となる魚。

ルアー&フライショップ 上飯田
石川幸弘（愛知県名古屋市）

①両方いる。ヌマムツもいる。
②オイカワ⇩オイカワ、ハエ
　カワムツ⇩カワムツ
③矢田川の名古屋市北区辻町付近。
④四季を通じて／渓流魚の練習相手として楽しんでいる人がいる。
⑤セージ　TXLF　7ft　10in　#000。ミッジサイズのフライを手返しよくピンポイントに打ち返せる。軽量で一日振っても疲れにくい。小さなオイカワたちの引きを味わえる。
⑥私が初めてフライで釣った魚がオイカワです。小規模河川や水路などどこにでも生息し、誰にでも簡単に釣れる、日本の清流魚。とくに6月前後の産卵期のオイカワのオスは、ハリ掛かりするとジャンプして引きを楽しめる。婚姻色は美しく目を楽しませてくれる。

上州屋アウトドアワールド　甲府店
木内庸光（山梨県甲府市）

①オイカワのみいる。
②オイカワ⇩ヤマベ
③その辺の用水路など。
④秋から冬に楽しんでいる人がいる。
⑤インファンテ　オイカワ　8ft　#0。なつかしい天龍かウエダのオイカワスペシャルと言いたいところだが、手に入らない。インファンテのオイカワは、仕上げにもこだわって趣味性を前面に押し出したところに好感が持てる。ロゴのオイカワのイラストがかわいい。
⑥渓流が禁漁になって暇をもてあましていたとき、しまい込んでいた天龍のオイカワスペシャル（7ft　#2）を思い出した。オイカワは甲府の市街地を流れる水路にもたくさん泳いでいたが、そこで釣りをするには鋼鉄の心臓が必要だった。郊外の田園地帯ならオイカワはどこにでもいた。用水路は砂底が多く、バイカモが茂るスプリングクリークの様相でロケーションも悪くなかった。

#22〜24のカーブドシャンクに巻いたフローティング・ピューパを上流から送り込むと、果敢にアタックしてきた。土手の上から見下ろしながらキャストしているので、動きが全て見えてエキサイティングだ。フッキングするとブルブルと魚の動きが伝わってきくる。バイカモにもぐられロッドが曲がって楽しいが、ラインの重さに負けてずるずると寄って来てしまう。でもはまった。ロッドとニーブーツを車に積みっぱなしにして、何度も釣りに行った。友人のアパートから徒歩2分で絶好のポイントがあった。ただ釣るだけでは飽きてしまいそうだったので、#18より大きなフックしか持って行かないとか、ハイフロートフライしか使用しないとかルールを作って楽しんでいた。

フライショップ アンクルサム
小板橋伸俊（群馬県松井田市）

①オイカワのみいる。
②オイカワ⇩バカッパヨ、ヤマベ、おばさん（婚姻色のオス）
③碓氷川のどこでも。
④秋から冬に／渓流魚の練習相手として楽しんでいる人がいる／地元では馬鹿にされている魚だ／お店で積極的にすすめていきたい。
⑤渓流用ロッドならどれでもOK。アップストリームで釣るのは楽しい。
⑥私が初めてフライフィッシングで釣った魚が碓氷川のオイカワだった。

パーマーク

仲 祐治（新潟県長岡市）

①オイカワのみいる。
②オイカワ⇩オイカワ
③信濃川の各支流。
④秋から冬に楽しんでいる人がいる。
⑤＃3以下の渓流用ロッドなら。

フライフィッシングショップ バートン

川条和也（神奈川県相模原市）

①両方いる。
②オイカワ⇩ヤマベ
カワムツ⇩カワムツ
③相模川の中下流全域。
④秋から冬に楽しんでいる人がいる。
⑤8ft前後＃3～4。オイカワ専用と考えると、＃1～2のロッドが面白いかもしれませんが、普段渓流で使い慣れているロッドを流用して始められるのが良いかと思います。
⑥私がフライフィッシングを始めたころは、オイカワやウグイはシーズンオフにちょっと楽しむ程度だったかもしれません。エサ釣りで釣りを始めた子供のころはオイカワやウグイは身近な対象魚で、オスのオイカワを釣った時には大喜びをしたのを覚えています。

フライフィッシングショップ なごみ

遠藤早都治（神奈川県横浜市）

①オイカワのみいる。
②オイカワ⇩オイカワ、ハヤ、ヤマベ
③多摩川の中流域。
④フライ初心者の対象魚としてすすめている／積極的にすすめていきたい。オイカワが釣れるとみな幸せになれる。
⑤セージ サーカ 7ft9in ＃2。自分で使っているが高価。オイカワ用に竿を買うならユーフレックスの＃0～3がいいと思う。
⑥オイカワのドライフライの釣りは意外とむずかしいので楽しめる。娘を連れて行きたい。

川よし釣具店

川杉剛史（東京都青梅市）

①両方いる。
②オイカワ⇩ヤマベ
カワムツ⇩カワムツ
③秋川の高月橋付近。平井川の圏央道付近。
④四季を通じて／秋から冬に／渓流魚の練習相手として楽しんでいる人がいる／フライ初心者にすすめている／年配の釣り人にちょうどいい／積極的にすすめていきたい。
⑤ティムコ インファンテ オイカワSP 8ft ＃1。柔らかめのロッドでオイカワの引きを楽しめる。
⑥軽装で気軽に楽しめます。

リバーランド

木村博俊（東京都府中市）

①両方いる。
③多摩川の関戸橋、是政橋付近。
④四季を通じて／渓流魚の練習相手としてすすめている／フライ初心者の対象魚としてすすめている／お店で積極的にすすめていきたい。
⑤ノースランド スパイダー 7ft7in 6ピース ＃2／3。オイカワの引きを楽しめる。渓流でも非常に重宝するロッド。
⑥オイカワは身近にいる好敵手と思う。

釣道具 まるかつ

戸田利明（東京都武蔵野市）

①両方いる。
③黒目川、落合川の合流点あたり。
④渓流魚の練習相手として／フライ初心者の対象魚としてお店ですすめている。
⑤インファンテ 8ft ＃0。近場でまずフライフィッシングをやりたいという方に、

価格、性能ともにおすすめできる。
⑥オイカワ釣りには渓流でフライフィッシングをするためのあらゆる要素がある。身近で体験できる。

ループトゥループ
横田正巳（東京都武蔵野市）
①両方いる。
②オイカワ⇩ヤマベ
　カワムツ⇩カワムツ
③落合川、黒目川の合流点付近。
④秋から冬に／専門的に追求している人がいる／初心者にすすめている／積極的にすすめていきたい。
⑤ループ　GASS　494—4　9ft4in　#4。軽くて高性能。オイカワの小さなアタリを正確に感じられる。キャスティング性能が高い。同じ川にいるコイにも対応できる。
⑥ウエットフライの練習に最適。フライが初めての方の相手にとてもよい。枝バリをつけて、スペイフィッシング、アンダーハンドキャスティングをとても楽しく遊べます。

渋谷サンスイ
白川　元（東京都渋谷区）
①両方いる。
②オイカワ⇩ヤマベ
③多摩川の中流域。
④秋から冬に楽しんでいる人がいる。
⑤ティムコ　インファンテ　オイカワ　8ft　#0／1。オイカワ専用ロッド。
⑥ここ数年オイカワを釣るフライフィッシャーが増えている。シーズンオフの新しいターゲットとして積極的に紹介していきたい。

HIRANOTSURIGU
平野貴士（東京都北区）
①両方いる。
②オイカワ⇩ヤマベ
　カワムツ⇩カワムツ
③柳瀬川の全域。
④秋から冬に／渓流魚の練習相手として楽しんでいる人がいる。
⑤手持ちの低番手の竿なら何でもよいのでは。
⑥エサ釣りで祖父とよく釣りに行っていた小学生時代を思い出す。

フライフィッシング　リバーサイド
村田　清（埼玉県熊谷市）
①オイカワのみいる。
②オイカワ⇩ハヤ、シラッパヤ、シラッパヨ
③利根川の深谷地区、荒川の熊谷地区。
④四季を通じて／秋から冬に／渓流魚の練習相手として楽しんでいる人がいる。
⑤リバーサイドオリジナル　RSスティンガー　8ft3in　#3。渓流用ですが、オイカワを飛ばさずにフッキングできる。
⑥利根川で泣き尺を、荒川では2センチ弱のオイカワを釣った思い出がある。

杜の家ブルック
加藤忠雄（宮城県名取市）
①オイカワのみいる。
③広瀬川の中流。街の中でも瀬のあるところならどこにでも。
④秋から冬に／渓流魚の練習相手として楽しんでいる人がいる。
⑤ティムコ　インファンテ　オイカワSP　8ft　#0~1。
⑥長靴履きで気軽に楽しめるが、これがなかなか手ごわい。

ご協力に感謝します。
2015年7月 アンケート実施

この夏のオイカワ釣り

真柄慎一

今年の夏、小学校に入学したばかりの息子が突然「釣りに行きたい。」と言い出した。

僕はついに〝こんな日〟が来たんだなと思った。

心中、うれしかったが、なぜか「急に言われても困るな。」と小言が口をついた。

思わずついてでた、親父なりの精一杯の照れかくしだった。

これまで僕から息子へ、釣りに誘ったことはなかった。休日に息子へ「今日はなにして遊ぶ。」と聞いては、サッカーをやりたいと言えばシュート練習に付き合い、野球がやりたいと言えばキャッチボールに付き合い、仮面ライダーショーがあれば会場に付き添った。

僕の趣味である釣りへ強制的に付き合わせて、水辺を遊び場にすることもできたと思う。

選択肢を広げてやるためにも、親がいろんなところへ連れ出して、体験させるということもあるだろう。

しかし僕はそれをあまりしてこなかった。強制したら反発されるかもと思っていたのかもしれない。

なんとも情けない親父である。息子本人の口から言いだすまでは誘わないと決めていた。

最近、僕の釣り雑誌などをパラパラめくって、魚の名前を聞いてくる。少しずつ興味を持ち始めているんだろう。

体格的にも大きくなってきたから、僕が見張っていれば川へも連れて行けるかもしれない。

母親もライフジャケットを着ていれば小川なら大丈夫じゃないかと言った。母親の許しも出た。

息子の釣りなのに親父の僕がそわそわしはじめた。

僕は幼少の頃、本当に釣りがしたかった。

竿を買ってだの、釣りに連れて行けだの、涙を流しながら両親に訴え続けた。僕の釣りに対する本気度をようやく感じたのか、それとも呆れ果てたのか、母親は竿を買ってくれた。親父は釣りもしないのに川まで連れて行ってくれた。

僕の息子はそこまで釣りがしたいのだろうか。

釣りへ対する本気度を確かめたくなった。

たかが子供の釣りなのに大人げないが、意地悪な質問をいくつかした。

「魚はなにを釣りたい。」

「エサづりか毛鉤つりか。」

「竿はどうする。」

「俺の竿を使って壊したらどうする。」

もちろん回答など返ってくるとは思っていない。本気度を知りたいだけだ。

息子の瞳に、だんだんと涙が溜まってきた。

僕は黙って息子が口を開くのを待った。

沈黙する息子のつぐんだ口が震えてきて、ぽろぽろと涙があふれてきた。

そして突然立ち上がると、

「釣りしたいのっ。」

と叫んで母親のほうへ走っていった。母親につかまってわんわん泣いている。

泣かせて悪かったがこれで本当に釣りをしたいのがわかった。


さて釣りに行くのはいいが、どこへ行けばいいだろうか。

まずは安全なところが最優先だろう。

平坦な川は安全だろうが、季節は夏である。水温が高くて魚の活性が低いかもしれない。

それでは管理釣り場はどうだろう。魚もいるし足場もいい。しかし東京からの遠征代と釣り場のチケット代を計算すると難しい。子供の釣りに捻出できる予算ではない。

赤貧の真柄家に生まれた息子である。申し訳ないがあきらめてもらう。

僕にはお金もなくて策もない。そこでフライショップ〈ループ・トゥ・ループ〉店主の横田さんに相談してみた。

「それなら〝オイカワ釣り〟はどうでしょう。」と、教えてくれた。

「川の浅いところで釣れるし、低予算で遊べます。何といってもベストシーズンですから、必ず釣れると思いますよ。」

僕は勝手にニジマスやイワナやヤマメ釣りを想像していたが、オイカワ釣りという手もあったのだ。


僕の生まれた山形の最上町にはオイカワがいなかった。僕はいまだに生きているオイカワを見たことがないのだ。

横田さんは「オイカワはネイティブですよ。美しいですよ。」と教えてくれた。

もし初めて釣った魚がネイティブで美しいなら、そんなにいいことはないと思う。近年、オイカワ釣りが僕の周りでも熱くなっているのを感じていた。

「フライへの反応も面白いし、サイズのわりに引くんですよ。真柄くんもやってみたらハマりますよ。」

と横田さんが言った。

「今週末、行くようでしたら息子さんのガイドしますよ。」とまで言ってくれた。申し訳ないなと思いつつ、甘えさせていただくことにした。

さっそく帰宅して、すぐに息子へ今週末に釣りに行くことを伝えた。

「やったー!」

と叫び、跳ね上がって喜んでいる。

二つ年下の妹まで、何が何だかわからないが、一緒になって飛び上がっている。

幼少の頃はこんなにも瞬発的に喜べるものだと、羨ましくも微笑ましくも思う。

熱が冷めないうちに毛鉤を巻かせようと思った。

毛鉤を巻いてみるかと聞くと、兄妹で「巻くっ。」と同時に言った。

まずは息子をバイスの前に座らせ、僕が背後から手を添えた。息子が少しだけ緊張しているのが伝わった。小さい毛鉤を巻いてみた。ハックルを回転させると、パラリと広がった。それを見た息子が「すんげぇ〜。」と言った。

最初の一本だけ手を貸して、あとは思い通りに巻かせてみた。意外だったが、五本くらいをすぐに巻いてみせた。

妹はまだ五歳になったばかりで無理だろうと思ったが、少しだけ手助けしてやると、なんとか巻きあげてしまった。

僕は兄妹にフライボックスも作ろうと提案した。ただのプラスチック・ケースにフォーム材を貼った簡素なフライボックスだ。完成すると毛鉤を収めさせた。

息子は毛鉤をうまくフォームに刺せずに指に刺した。ほんのすこし血が出て「痛い。」と言った。

「それも勉強だ。」と僕が言った。

兄妹はその日、枕元にフライボックスを置いて眠りについた。

子供たちと親父の待ちに待った週末。青空がどこまでも広がる夏らしい快晴だった。

川のそばへ来るとオイカワらしき魚がピシャピシャと跳ねていた。

僕の所持している中で一番軽いロッドを用意していたが、八フィート六インチの三番は息子には重くて長そうだった。

それを見かねた横田さんが、息子のためにグラスロッドの二番で、短めのロッドを手渡してくれた。

ライフジャケットの背中にネットまで装着してくれて、息子は照れながらも誇らしそうな顔をしていた。

一投目、横田さんが手を添えてくれて、きれいなロールキャストが決まった。ダウンクロスにラインが伸びてスイングが始まると、ラインの先端がピクッと動いた。息子の身体もビクッと動いたが何もできない。

二投目、横田さんが耳元で、

「ピクッときたら少しだけ竿を上げてみて。」

と優しく声をかけた。

すぐにまたラインの先端が動いた。「少しだけ。」とアドバイスされたのに息子は大きくロッドを上げた。

きらきらと小さな魚が舞った。横田さんが素早く背中のランディングネットを外し、掬ってくれた。

息子はびっくりした顔をして唖然としていた。

「すごいな。本当に釣れたね。」と横田さんや僕や母親に言われると、自慢げに魚を見せてきた。

ギラッギラに輝くメスのオイカワだった。

小さな水槽を持ってきていたので魚を入れて眺めてみた。

上下左右からまじまじと眺める息子に「きれいな魚だな。」と言った。

息子は「うん。」とだけ頷いた。「やったー。」とか「よっしゃー。」とか叫ぶのかと思っていたが、予想していた反応ではなかった。いつまでも、いつまでも、じっと魚を眺めている。本人なりに興奮をかみしめているようだった。

妹と一尾交代で釣りして二人で十尾も釣っただろうか。

小さな水槽がオイカワでいっぱいになった。

僕がそろそろ川に放してやろうと言った。息子はヤダと言った。すべて家に持ち帰ると言う。僕は家に水槽の装置がないからすぐに死んでしまうと言った。それでも納得しない。

見かねた母親が言った。

「この子たちは川にいたほうが幸せなのよ。それに、この子たちのお母さんが今ごろ探してるのよ。」

それを聞いていた妹が突然、水槽を川にひっくり返した。息子は怒って泣き出した。妹が、

「だって、かわいそうでしょう。」

と兄を諭していた。

泣きやんだ頃を見はからって僕が声をかけた。

「また来週も来ればいいじゃん。」

すると息子は、

「ぜったいだよ。」

と涙を拭いながら言った。

それから三週連続でオイカワ釣りに行った。僕は夏の間、ずっと兄妹に付き合った。付き合ったというより、僕もオイカワ釣りに魅了されてしまった。

釣りの帰りの車内では「来週も行くでしょ。」とお尋ねするくらいになっていた。

僕はこのところの五年間、本流でダブルハンドの釣りに没頭していた。そして没頭しすぎて、身体を壊してしまった。

一昨年は車中泊で四泊五日の釣行時、朝から晩までダブルハンドを振って本流に立ち続けた。五日目に帰宅してそのままダウンした。疲労とストレスからくる肺炎だった。三週間の入院となった。

昨年はやはり車中泊で五泊六日の釣行から帰宅すると、頭痛がひどかった。数日、経過したら顔面麻痺になった。首の裏の運動神経が切れて顔の右半分が全く動かなくなった。これも疲労とストレスからくるものらしい。

現在は約一年経過して七十パーセントくらいは戻ったがまだ少々、不便なこともある。ごはんを食べているとたまに口からこぼれる。それを見て子供たちは笑っているが。

〝釣りで身体を壊すとは本望〟だと馬鹿親父は思っているが、家族にとっては迷惑でしかない。

そんなところ、今年の夏はほのぼのとオイカワ釣りをした。ストイックな釣りもいいが、リラックスした釣りもいいものだ。来年も夏空の下、家族でほのぼのと釣りがしたいもんだ。

『黄色いやづ　真柄慎一 短編集』
真柄慎一 著
装画 いましろたかし
解説 荻原魚雷
フライの雑誌社刊

身近で楽しい！

オイカワ/カワムツのフライフィッシングハンドブック 増補第二版

INDEX

※書き下ろし＋『フライの雑誌』掲載記事を編集構成

編集	『フライの雑誌』編集部
発行日	2019年5月31日 初版
	2021年3月31日 増補版
	2024年8月31日 増補版 第2刷
編集発行人	堀内正徳
イラスト	斉藤ユキオ〝放課後の一投目！〟
発行所	（有）フライの雑誌社 www.furainozasshi.com
	〒191-0055 東京都日野市西平山2-14-75
	Tel.042-843-0667 Fax.042-843-0668
印刷所	（株）東京印書館

Published/Distributed by FURAI-NO-ZASSHI 2-14-75 Nishi-hirayama,Hino-city,Tokyo,Japan